诗歌中的罗马帝国习俗文化
——以斯塔提乌斯的作品为中心

邓默晗 著

北京出版集团
文津出版社

图书在版编目（CIP）数据

诗歌中的罗马帝国习俗文化：以斯塔提乌斯的作品为中心 / 邓默晗著. -- 北京：文津出版社，2024.12.
ISBN 978-7-80554-933-0

Ⅰ. K126

中国国家版本馆CIP数据核字第2024U98T40号

诗歌中的罗马帝国习俗文化
——以斯塔提乌斯的作品为中心

SHIGE ZHONG DE LUOMA DIGUO XISU WENHUA

邓默晗 著

出　　版	北京出版集团
	文津出版社
地　　址	北京北三环中路6号
邮　　编	100120
网　　址	www.bph.com.cn
总 发 行	北京伦洋图书出版有限公司
印　　刷	河北鑫玉鸿程印刷有限公司
经　　销	新华书店
开　　本	880毫米×1230毫米　1/32
印　　张	4.375
字　　数	88千字
版　　次	2024年12月第1版
印　　次	2024年12月第1次印刷
书　　号	ISBN 978-7-80554-933-0
定　　价	58.00元

如有印装质量问题，由本社负责调换
质量监督电话　010-58572393

目 录

绪论 …………………………………………… 1
一、研究意义 ………………………………… 1
二、学术回顾 ………………………………… 5
三、全书编排结构 …………………………… 15

第一章 斯塔提乌斯笔下的罗马习俗观念 …… 17
一、罗马的虔敬观 …………………………… 21
二、罗马的仁慈观 …………………………… 26
三、罗马的信仰文化 ………………………… 31
四、小结 ……………………………………… 43

第二章 斯塔提乌斯笔下的罗马生活习俗 …… 45
一、罗马的庆典仪式 ………………………… 45

二、罗马的信仰仪式 ⋯⋯⋯⋯⋯⋯⋯⋯⋯⋯⋯ 67
三、小结 ⋯⋯⋯⋯⋯⋯⋯⋯⋯⋯⋯⋯⋯⋯⋯⋯ 85

第三章 习俗的构建
　　——斯塔提乌斯笔下的罗马元首 ⋯⋯⋯⋯ 88
一、元首的神性 ⋯⋯⋯⋯⋯⋯⋯⋯⋯⋯⋯⋯⋯ 90
二、神化元首与罗马现实政治 ⋯⋯⋯⋯⋯⋯⋯ 96

结语 ⋯⋯⋯⋯⋯⋯⋯⋯⋯⋯⋯⋯⋯⋯⋯⋯⋯ 108
参考文献 ⋯⋯⋯⋯⋯⋯⋯⋯⋯⋯⋯⋯⋯⋯⋯ 112

绪 论

一、研究意义

普布利乌斯·帕皮尼乌斯·斯塔提乌斯（Publius Papinius Statius，约公元50—96年）是罗马帝国早期的著名诗人。有关他生平的记载不多，主要来自他本人的只言片语。斯塔提乌斯生于意大利半岛的那不勒斯（Neapolis），自幼便接受身为教师与诗人的父亲的教育，而后迅速在当地诗坛崭露头角。父亲去世后，斯塔提乌斯离开那不勒斯，来到罗马。在罗马，他曾三次在元首图密善举办的诗歌竞赛会上摘得桂冠，并因此获得图密善的赏识，创作出大量赞颂元首以及其他保护人的诗作。约公元90年，图密善在阿尔巴（Alba）举办年度诗歌庆典。斯塔提乌斯不幸落败，[1]随后便因某种原

---

[1] Statius, *Silvae*, 3.5.31–33.

因离开了罗马,返回家乡那不勒斯,并在那里终老。

斯塔提乌斯生前著作颇丰,但完整保存下来的作品只有两部:一部是耗费了诗人十二年心血的史诗《忒拜战记》(Thebaid),以古希腊神话中七雄攻忒拜为背景;另一部是诗集《诗草集》(Silvae),出版于《忒拜战记》问世之后,集结了斯塔提乌斯为元首、赞助人以及亲友们创作的诗文。此外,他还有一部未竟之作《阿喀琉斯纪》(Achilleid),现仅存两卷。其中,《忒拜战记》以古希腊的史诗与神话传统为背景,似乎无关于诗人生活的罗马帝国,而《诗草集》长期以来被批评为辞藻浮夸的"谄媚之作",表面上也和客观事实相距甚远。尽管如此,斯塔提乌斯的诗作在出版后却备受罗马大众喜爱,风行一时。[1]那么,我们该如何解释作品在当时广受欢迎的可能原因,又要怎样理解诗文内容的具体意义,特别是这些诗歌文本与现实世界的关系?

文字是时代的产物。如果能将斯塔提乌斯的诗歌置于其创作的历史背景下进行考察,那么就不难发现字里行间的时代烙印。陈寅恪、杨绛,以及齐世荣等著名学者早已指出,在诗歌和小说等带有虚构元素的文本中,其实蕴含着大量有关风气教化、道德标准,或是阶级构

---

[1] Juvenalis, *Satirae*, 8.82–83.

成等涉及社会风貌的细节，借此可以揭示不同历史时期民众的生活状态，以及当时主流的意识形态等重要信息。[1]由于荷马史诗、希腊悲剧，以及《埃涅阿斯纪》（Aeneid）等古典文学名著对希腊、罗马社会与思想的深入刻画，历来都被当作学界考察古典世界的必备材料。[2]《忒拜战记》和《诗草集》均完成于公元一世纪末。可以想见，其中必然带有这一时期罗马社会的特殊印记，承载着斯塔提乌斯等罗马公民的脑海中根深

---

[1] 例如，陈寅恪先生的《元白诗笺证稿》和《柳如是别传》就是他"以诗文证史"的典范之作。参见徐国利：《陈寅恪对"以诗文证史"史学传统的继承和发展》，载《郑州大学学报（哲学社会科学版）》，2019年第1期，第88—93页。杨绛先生对小说历史价值的思考参见杨绛：《事实—故事—真实——读小说漫论之一》，载《文学评论》1980年第3期，第15—21页。齐世荣先生对诗歌与小说等虚构文本对历史研究的重要价值也有精彩论述，参见齐世荣：《谈小说的史料价值》，见齐世荣：《史料五讲（外一种）》，人民出版社2016年版，第161—186页。

[2] 例如，晏绍祥就曾根据荷马史诗的内容系统地研究了那个时代的希腊社会，见晏绍祥：《荷马社会研究》，上海三联书店2006年版。法国学者韦尔南致力探索希腊悲剧等文本与当时的政治思想与社会文化之间的联系，参见［法］韦尔南著，余中先译：《神话与政治之间》，生活·读书·新知三联书店2005年版。古罗马大诗人维吉尔的史诗作品历来都是学者们切入罗马政治文化的重要材料，如David Quint, *Epic and Empire: Politics and Generic Form from Virgil to Milton*, Princeton University Press, 1993。

蒂固的观念特征。

风俗是历史传统与民风社情的集中体现，直接或间接地塑造着罗马人的行为与观念，也为审视和发掘斯塔提乌斯诗歌中的现实内涵提供了一条核心脉络。斯塔提乌斯的作品涉及罗马社会生活的方方面面，其中就保留了大量有关罗马习俗文化的重要素材。例如，在《忒拜战记》中，斯塔提乌斯详细描述了规模、场面宏大的竞技比赛，其中包含了有关罗马竞技风俗的众多鲜活细节。[1]而关于婚丧嫁娶等日常风俗的描写，在《诗草集》中随处可见，不仅交代了习俗仪式的完整过程，更反映了风俗与传统对罗马人的重要意义。[2]同时，斯塔提乌斯自认《忒拜战记》是一部"全意大利的学童均需学习、背诵"[3]的作品；而他的《诗草集》[4]收录的都是曾经呈现给元首等达官显宦的精心之作。可想而知，包含在两部作品中的文化习俗不仅可以代表帝国早期罗马普通大众的基本认知，而且应当也符合当时上层社会普遍接受的审美偏好。甚至可以说，比起后辈尤文纳里斯

---

[1] Statius, *Thebaid*, 6.193–910.
[2] 详细介绍见本书第二章。
[3] Statius, *Thebaid*, 12.814–5.
[4] Anthony James Boyle, and William J. Dominik, eds., *Flavian Rome: Culture, Image, Text*, Brill Academic Pub, 2003, p.499.

（Juvenalis）和马尔提亚利斯（Martialis）等主要针对下层民众而着力批判社会阴暗面的讽刺诗人，斯塔提乌斯的风俗描写更能覆盖罗马各个主流阶层的不同方面。公元一世纪末的罗马，正值帝国对外急速征服和扩张的关键时期，国力日渐强盛。随着财富源源不断地输入，罗马的物质生活水平达到了新的高度。面对繁荣、发达的物质文化，罗马人的价值观念和日常风俗又是什么样子，是否会受到影响或产生变化呢？作为少有的直接记录罗马帝国弗拉维王朝统治的作品，[1]斯塔提乌斯的主题丰富、场景多样的诗歌也成为进一步寻找答案的宝贵资料源。

二、学术回顾

斯塔提乌斯的诗歌作品问世后在罗马世界中颇受欢迎，启发了如奥索尼乌斯（Ausonius）、希多尼乌斯（Sidonius）、克劳狄安（Claudian）等一批罗马帝国晚期

---

[1] Anthony James Boyle, and William J. Dominik, eds., *Flavian Rome: Culture, Image, Text*, Brill Academic Pub, 2003, p.499.

的作家。[1]《忒拜战记》在中世纪备受推崇。例如，但丁《神曲·地狱篇》与《神曲·炼狱篇》中就多次出现斯塔提乌斯与《忒拜战记》中的人物形象。文中甚至将斯塔提乌斯描绘为基督徒，带领但丁由炼狱升上人间。[2]乔叟《坎特伯雷故事集》中的骑士故事，开篇便引述了一行《忒拜战记》的原文。[3]然而，随着西方古典文献不断地被发现与整理，再加上启蒙运动的盛行，人们对斯塔提乌斯的评价越来越低，认为他缺乏原创性，其诗作充斥着对元首浮夸的谄媚，史料价值不高，不值一提。这种主流看法一直持续到二十世纪下半叶。

从二十世纪七八十年代起，西方学界对斯塔提乌斯

---

[1] 例如，在每卷最前面加上一封介绍本卷内容的书信就是由斯塔提乌斯首创，这一传统被古典晚期的奥索尼乌斯与希多尼乌斯继承。见 *Ausonius*, 2 vols, Loeb Classical Library, with an English Translation by Evelyn-White, G. Hugh London: Heinemann, 1919；斯塔提乌斯与晚期古典作家的关系见 Carole Newlands, "Naturae Mirabor Opus: Ausonius' Challenge to Statius in the Mosella", *Transactions of the American Philological Association*, vol.118, 1988, pp.403-419。

[2] [意]但丁著，田德望译：《神曲·地狱篇》《神曲·炼狱篇》，人民文学出版社1996年版。

[3] Geoffrey Chaucer, *The Canterbury Tales*, Penguin Books, 1988. 中文版译者认为这句引文无关情节，故删除了。见[英]杰弗雷·乔叟著，方重译：《坎特伯雷故事》，上海译文出版社1983年版，第22页。

的研究逐步回温。以费尼（Denis Feeney）和阿赫尔（F. Ahl）发表各自标志性的著作与论文为代表，西方掀起了一轮为斯塔提乌斯"翻案昭雪"的风潮。[1]学者们从历史学、古典语文学、文学、语言学等角度对斯塔提乌斯的著作进行了较为深入的研究，多集中在以下几个方面：（1）斯塔提乌斯作品的主题内涵；（2）《忒拜战记》在古罗马的史诗传统中的位置；（3）《忒拜战记》与现实的联系和其中的政治隐喻；（4）斯塔提乌斯的修辞手法与叙述结构；（5）《诗草集》与弗拉维王朝时期的政治等。

随着西方古典学界对斯塔提乌斯研究的不断深入，各种论著也不胜枚举。它们涉及文学、历史学、哲学、古典文献学等诸多学科。例如，第三版《牛津古典学辞书》对斯塔提乌斯的生平、作品的内容以及其对后世的影响进行了概述，并列出了目前学界较为关心的问题。[2]《剑桥古典文学史》第二卷第二十八章专门介绍了斯塔提乌斯的作品，称《诗草集》是"图密善时代可信的声

---

[1] Denis Feeney, *The God in Epic*, Oxford University Press, 1991. F. Ahl, Statius "'Thebaid': A Reconsideration", *Aufstieg und Niedergan der romeschen Welt II*, 32.5, 1986, pp.2803–2912.
[2] Simon Horn Blower, Antony Spawforth, *The Oxford Classical Dictionary*, third edition, vol.1, Oxford University Press, 1996, pp.124–125.

音"[1]，同时也认为《忒拜战记》不是传统意义上的罗马史诗，因为其缺少爱国精神。[2]《罗马文学史：从里维乌斯·安德罗尼库斯到波埃修斯》中，作者冯·阿尔布雷希特（Michael von Albrecht）总结了《忒拜战记》的主题：世界的秩序不是理所当然，也不是上天赠予的礼物，必须由人类自身建立，[3]"《诗草集》中的文学世界充分地反映了斯塔提乌斯的思想世界"[4]。《古代史诗指南》中的一章简论了古罗马的史诗传统、神祇与凡人的关系，以及斯塔提乌斯的生平与作品等。[5] 笔者受益颇大。

学术界近几十年来对斯塔提乌斯的研究的专著与论文层出不穷。维塞（David Vessey）于1973年出版的《斯

---

[1] E. J Kenney, W. V. Clausen, *The Cambridge History of Classical Literature*, vol.2, Cambridge University Press, 1982, pp.561-572.

[2] E. J Kenney, W. V. Clausen, *The Cambridge History of Classical Literature*, vol.2, pp.590-597.

[3] Michael von Albrecht, *A History of Roman Literature from Livius Andronicus to Boethius with Special Regard to Its Influence on World Literature*, vol.2, Brill, 1997, pp.944-958.

[4] Michael von Albrecht, *A History of Roman Literature from Livius Andronicus to Boethius with Special Regard to Its Influence on World Literature*, vol.2, Brill, 1997, p.955.

[5] John Miles Foley, ed., *A companion to Ancient Epic*, Oxford Blackwell Publishing, 2005, pp.55-70, pp.90-104, pp.514-527.

塔提乌斯与〈忒拜战记〉》堪称西方的斯塔提乌斯研究转向的导引之作。他坚持《忒拜战记》是一部单纯探讨人性与道德的作品，跳过了爱国情怀，与罗马现实没有关系。[1] 总的来说，这部著作开启了此后四十多年研究斯塔提乌斯的热潮。此后，多米尼克（W. J. Dominik）的《斯塔提乌斯〈忒拜战记〉在二十世纪》详细回顾并梳理了《忒拜战记》研究在二十世纪的发展情况，点明了现有研究中的不足，为笔者了解近代之前的相关学术史提供了宝贵的信息。[2] 布朗德（Susanna Braund）的论文《两座城的故事：斯塔提乌斯、忒拜和罗马》考证了底比斯神话在古典史诗中的流传过程，为笔者了解底比斯神话传统在罗马的流传过程提供了清晰的线索。[3]

以麦克奈里斯（Charles McNelis）为代表的一批学者着眼于诗歌与弗拉维王朝的现实政治，开辟了斯塔提乌斯研究的新视域。麦氏的《斯塔提乌斯〈忒拜战记〉与

---

[1] David Vessey, *Statius and the Thebaid*, Cambridge University Press, 1973, pp.56-57; pp.308-309.

[2] W. J. Dominik, "Statius' *Thebaid* in the Tweintieth Century", in R. Faber and B. Seidensticker eds., *Worte, Bilder, Töne. Studien zur Antike und Antikerezeption Bernhard Kytzler zu ehren*, Würzburg, 1996, pp.129-141.

[3] Susanna Braund, "A Tale of Two Cities: Statius, Thebes, and Rome", *Phoenix*, vol. 60, no. 3/4, 2006, pp.259-273.

诗化的内战》是其中最具影响力的成果。他指出,《忒拜战记》与古罗马现实政治联系紧密,是一部以内战为主题的史诗,表现了当时人们渴望和平与秩序、追求虔诚与仁慈的社会风尚。底比斯在诗中充当的是罗马的反面教材,以教育读者不要重蹈覆辙。[1]与之类似,雷贝吉亚尼(Stefano Rebeggiani)在2023年出版了他写作多年的著作《权力的脆弱性:斯塔提乌斯、图密善与〈忒拜战记〉中的政治》,深入探讨了《忒拜战记》中有关罗马现实政治的隐喻和微妙表达。[2]在对《诗草集》的研究中,学者们普遍认为这部作品映射了图密善统治下的罗马社会,[3]甚至反映了图密善本人的文学喜好[4]。纽兰兹(Carole E. Newlands)在《斯塔提乌斯的〈诗草集〉与帝

---

[1] Charles McNelis, *Statius' Thebaid and the Poetics of Civil War*, Cambridge University Press, 2007, pp.3-8; pp.176-177.

[2] Stefano Rebeggiani, *The Fragility of Power: Statius, Domitian and the Politics of the Thebaid*, Oxford; New York: Oxford University Press, 2018.

[3] Charles McNelis, "Greek Grammarians and Roman Society during the Early Empire: Statius's Father and Some Contemporaries", *Proceedings of the Cambridge Philological Society 46* (2000), pp.90-120. R.H. Darwall-Smith, *Emperors and Architecture: A Study of Flavian Rome*.

[4] K.M Coleman, "The Emperor Domitian and Literature", *Aufstieg und Niedergan der romischen Welt II*, 32.5 (Berlin and New York, 1986), pp.3087-3155.

国的诗学》中认为,《诗草集》是一部包含赞颂与忧虑的作品,表现了图密善晚年的社会动荡与紧张。[1]琼斯·布莱恩(W. Jones Brian)的《皇帝图密善》是近一个世纪以来英语世界第一部图密善的传记作品。作者在吸收大量史料、铭文和考古材料的基础上,为我们描绘了一位残忍却行政高效、政策强硬,且意在革新传统的罗马元首,为笔者理解诗人歌颂元首的形象提供了扎实的历史背景。[2]

近年来,相继出版了《博睿的斯塔提乌斯指南》[3],以及《编辑与评注斯塔提乌斯〈诗草集〉》[4]等综合论文集,体现了学界最新的研究动向,拓宽了新一代斯塔提乌斯诗歌研究的视野。在这两部书中,来自不同领域的学者系统总结了以往的学术成果,并从不同角度分析了斯塔提乌斯及其诗作在罗马文学和思想史上的重要地位。但整体而言,他们多是从语言文字角度进行人物与篇章结构的分析,试图寻找斯塔提乌斯的写作特征,较少牵

---

[1] Carole E. Newlands, *Statius' Silvae and the Poetics of Empire*, Cambridge University Press, 2002.

[2] W. Jones Brian, *The Emperor Domitian*, Routledge, 1993.

[3] W.J. Dominik, C.E. Newlands, K. Gervais, *Brill's Companion to Statius*, Leiden; Boston: Brill, 2015.

[4] Ana Loio, *Editing and Commenting on Statius' Silvae*, Mnemosyne supplements, 464, Leiden; Boston: Brill, 2023.

扯罗马当时的社会与历史背景；抑或利用人类学等现代学术概念讨论诗歌中的意象和情节，以此猜测斯塔提乌斯的创作意图与动机。尽管财富、礼物交换、家庭关系等社会议题在书中有所涉及，但关于斯塔提乌斯作品中的罗马习俗文化，特别是各种风俗所映射的罗马思想观念，仍需要全面梳理。

信仰是罗马习俗文化的核心组成部分，也是本书重点关注的主题之一。近年来，在罗马宗教信仰和西方古典文学之间的互动方面，学界产生了一大批丰硕的成果，为本书提供了值得借鉴的视角与方法论。例如，费尼的名作《罗马的文学与宗教》深刻探讨了罗马文学与宗教的关系。他指出，要想真正理解罗马宗教的内涵就必须重新关注罗马宗教自身的特点，在罗马自身的语境中研究文学与宗教的互动关系。[1]另一位研究罗马宗教的著名学者沙伊德（John Scheid）也曾在一篇演讲中提到"一种更好的（研究方法）是自己阅读材料，而后再研

---

[1] D. Feeney, *Literature and Religion at Rome: Cultures, Contexts, and Beliefs*, Cambridge University Press, 1998, pp.3-9. 中文版见[美]丹尼斯·费尼著，李雪菲、方凯成译，吴飞审校：《罗马的文学与宗教：文化、语境和信仰》，北京大学出版社2015年版，第3—10页。

究罗马的宗教机构及其自身的逻辑"[1]。以上两位大家都强调从文本本身出发，发掘罗马信仰习俗的特点，摒弃用现代的概念和预设的理论过度阐释罗马文化实践，这也为后文系统梳理斯塔提乌斯笔下的社会风俗打下了坚实的方法论基础。遗憾的是，上述学者们主要对维吉尔（Virgil，公元前70—前19年）、奥维德（Ovid，公元前43—17年）等作家兴趣浓厚，对其他拉丁作家的关注则相对较少。在论文集《弗拉维史诗中的宗教与仪式》中，作者们从不同角度考察了弗拉维王朝时期的史诗中有关仪式与宗教的内容，利用古典语文学和文化研究的方法，探讨这些宗教元素在史诗中的特点及其作用，填补了学界有关弗拉维王朝文学与宗教研究领域的空白，对笔者深入理解《忒拜战记》中的宗教思想大有裨益。[2]但由于主题所限，《弗拉维史诗中的宗教与仪式》一书中的论文主要在史诗语境下展开，缺少与当时社会环境的结合，同时也较少涉及《诗草集》中的具体内容。总之，既然信仰可以透过文学作品展现在读者面前，那么其他的罗

---

[1] John Scheid, Liz Libbrecht trans., *Religion, Institutions and Society in Ancient Rome*, Inaugural lecture delivered on Thursday 7 February 2002, New Edition [online], Paris: College de France, 2013.

[2] Antony Augoustakis, eds., *Ritual and Religion in Flavian Epic*, Oxford: Oxford University Press, 2013.

马日常习俗也同样值得立足文本去自习探究。

反观中文学术界，斯塔提乌斯的作品至今尚无完整的中文译本，甚至 *Thebaid* 与 *Silvae* 的书名也没有约定俗成的译法。笔者未发现专门以斯塔提乌斯为研究对象的中文专著或学术论文。在1993年出版的《罗马文化与古典传统》一书中，朱龙华先生对《忒拜战记》，尤其是斯塔提乌斯的文学风格做了简要介绍，认为《忒拜战记》描写"真实而风格错杂"[1]。2006年，王焕生的《古罗马文学史》出版，其中第二十八章第二节专门就斯塔提乌斯的生平，其作品的主要内容、主题思想、写作特点等做了系统的介绍。王先生认为《诗草集》"对当时罗马的日常生活，特别是社会上层的日常生活做了充分的反映"[2]，同时诗人"仍力图保持自己的独立性"[3]。《忒拜战记》"在诗歌艺术方面既遵循了古典传统，同时也认真地吸收了当时出现的一些新的特点"[4]。

总之，目前学界已经摆脱了以往对斯塔提乌斯诗歌

---

[1] 朱龙华：《罗马文化与古典传统》，浙江人民出版社1993年版，第287页。
[2] 王焕生：《古罗马文学史》（第二版），中央编译出版社2008年版，第425页。
[3] 同上书，第426页。
[4] 同上书，第427、428页。

的负面评价，开始深入探讨诗人的写作技法与特征，并积累了丰富的成果。除了语言文字层面，斯塔提乌斯诗歌中所涉及的现实元素也需要进一步分析、阐释。特别是其中反映出的风俗习惯与罗马文化传统，尚待全面、系统地考察。在前人的基础上，本书的写作即以笔者对斯塔提乌斯《忒拜战记》与《诗草集》的翻译与研读为前提，通过梳理著作中所描写的罗马习俗，通过把握作品中跳动的思想脉搏，力图呈现斯塔提乌斯笔下的罗马社会风俗的具体形式及其深刻内涵，以此为读者进一步探索古典世界的文化与社会提供注脚。

三、全书编排结构

习俗是罗马文化的重要组成部分。作为活跃在罗马帝国早期的诗人，斯塔提乌斯的诗歌中有大量涉及了罗马社会生活与思想观念的内容，为我们提供了一个从诗歌看罗马习俗文化的独特视角。笔者将在认真研读古典材料的基础上，梳理并归纳斯塔提乌斯诗歌里具体描述的罗马习俗观念、日常生活里的习俗仪式，并着重探讨他对罗马元首神圣统治的习俗化构建过程，最终的目的是揭示诗歌作为史料对于探究罗马政治与文化的特殊作用。

本书第一章围绕斯塔提乌斯的诗歌所反映的罗马习俗观念，通过分析诗文中的用词和主要概念，梳理并概括罗马帝国的一些主流习俗观念。这些重要观念深刻影响着罗马大众认识人际关系、理解外部世界。

意识指导具体实践。本书第二章分类阐述了斯塔提乌斯作品中的习俗仪式。仪式是罗马习俗文化的表现形式。各种仪式贯穿在罗马人的社会生活的方方面面。斯塔提乌斯通过诗歌语言描绘了大量罗马的生活细节，集中反映了当时主流的风俗习惯与传统。本章将选取其中最具代表性的婚礼与葬礼等生活习俗，同时还将着重分析罗马信仰体系中的一些重要仪式，试图还原并介绍这些仪式活动的基本过程和意义。

习俗不仅可以传承，有时候也可以按照现实需要被"创造出来"。随着罗马元首制的不断发展，涉及元首的"新习俗"也应运而生。本书第三章论述了斯塔提乌斯神化元首图密善，将他的形象融入罗马传统习俗的过程。诗人不断巩固元首的神化形象，一方面将图密善与罗马传统的神祇等同起来，另一方面歌颂元首的神性（numen）与灵性（genius），并将元首的形象融入罗马传统的信仰体系中，接受大众的崇拜。

除特殊说明外，本书所参考和引用的古希腊、罗马文献均来自洛布古典丛书（Loeb Classical Library）版本。

第一章　斯塔提乌斯笔下的罗马习俗观念

习俗是一个社会集体在不断发展中逐渐形成且共同遵守的一系列思想共识和行为原则，凝聚了一个文明长期积淀的文化历史传统。它涵盖了人们遵循的生活方式、举止规范和日常习惯，也包括社会成员们整体上认可的价值理念、宗教信仰，以及道德准则等多个领域。习俗渗透在大众生活的方方面面，从生老病死到婚丧嫁娶，再到饮食起居和宗教仪式，等等，既体现着各个阶级的生存状况，也映射出一个社会的主要特征。马克思指出，人们依靠土地、财产、姻亲以及继承等方面的传统习俗产生直接或间接的社会联系，进而形成固定的社会制度。[1]因此，习俗往往影响和形塑着人与人之间的社会关系，也是特定社会形态的典型标志。恩格斯在《家庭、

---

[1][德]马克思著，中共中央马克思恩格斯列宁斯大林著作编译局编译:《马克思古代社会史笔记》，人民出版社1996年版。

私有制和国家的起源》中也认为，尽管不同地域的人类最终演进出不尽相同的社会形态，但他们依旧在血缘关系、家庭构成等方面共享许多相似的风俗习惯。这也反映出人类在历史上普遍经历了大致相同的社会阶段。[1]由此可见，习俗和人类社会相伴相生，既从思想上统一着人们的思想观念，也在行为上指导着人们的具体实践。在斯塔提乌斯生活的罗马社会，习俗同样扮演了非常重要的角色，被当作罗马人的精神图腾。

本章将从基本概念入手，重点关注斯塔提乌斯在思想层面对罗马习俗的认识和看法。他眼中的罗马习俗都包含哪些内容？他又如何看待习俗在罗马社会与文化中的作用？下文将通过分类梳理斯塔提乌斯描述习俗时所使用的具体词汇，并结合其他罗马作家的文献材料，尝试归纳《忒拜战记》和《诗草集》等诗作中映射出的罗马习俗观念。

在罗马人看来，习俗是整个罗马民族赖以生存和发展的基础。恩尼乌斯（Quintus Ennius，约公元前239—前169年）就曾表示："罗马国家依赖古代的习俗与英雄（Moribus antiquis res stat Romana virisque）。"西塞罗（公

---

[1]［德］弗里德里希·恩格斯著，中共中央马克思恩格斯列宁斯大林著作编译局译：《家庭、私有制和国家的起源》，人民出版社2018年版。

元前106—前43年）也用各种方法向观看其演说的观众说明，祖先的传统（mos maiorum）是罗马人集体认同的核心，是罗马人区别于其他民族最重要的标志之一。[1] 在罗马的历史语境下，"祖宗成俗"被当作传统习俗中最核心和最基本的准则。Mos maiorum的字面意思是"祖先的习俗"（mos是单数主格名词，意为"习俗、传统"；maiorum则是"祖先"一词maior的复数属格形式）。它大约产生于王政时期世家大族内部代代相传的不成文的家族规范，而后随着罗马公民社会的不断发展壮大，慢慢演变成公民集体约定俗成的思想观念。[2] 尽管不像罗马法那样拥有成文的条例，但"祖宗成俗"在很多场景中同样具备强大的约束力。不少学者指出，这种约束力的来源在于一套被冠以各种美德（virtus）之名的观念系统，以及以此为基础的罗马公民之间约定俗成的价值观体系。这组价值观涵盖了从私人生活到公共领域的原则和标准，以及军事系统和宗教信仰等各种制度性的惯例，确保了罗马政治制度和社会生活的实际运作。罗马人深信，正

---

[1] Joanna Kenty, "Congenital Virtue: Mos Maiorum in Cicero's Orations", *The Classical Journal*, 111: 4, 2016, p.429.
[2] Henriette van der Blom, *Cicero's Role Models: The Political Strategy of a Newcomer*, Oxford University Press, 2010, pp.12-13.

是自己引以为傲的道德体系与价值观念提供了使罗马国家繁荣向上的社会文化根基，必须有序传承且严格遵循。

作为罗马的公民精英，斯塔提乌斯同样非常重视传统习俗。在《忒拜战记》中，无论是宴饮中的敬酒顺序，或是战斗前的竞技活动，乃至葬礼上的物品摆放，他常常强调英雄们会依据"习俗"行事。[1]在《诗草集》中，斯塔提乌斯祝愿朋友刚刚出生的儿子得以茁壮成长，早日养成"父辈的惯习（mores patrios）"[2]；也期望一位即将新婚的姑娘收获先辈们"温柔的举止（placidos mores）"，以及对"美德"的追求[3]。他还相信，记录在诸如荷马史诗、萨福（Sappho，约生活于公元前7世纪）的诗歌等中的业已发生的传统与事迹（mores et facta），需要通过家长对子女的教导，代代传承下去。[4]可见，在斯塔提乌斯眼中，习俗并不单指某种特定的行为或观念，而是泛指前辈们流传下来的所有宝贵经验，因而与多种词汇和概念紧密相关。这些传承久远的珍贵习俗不仅体现在人格品质和行为举止上，也透过各种美德观影响着一代代罗马人认识社会与世界的方式。其中，斯塔

---

[1] 如Statius, *Thebaid*, 1.170；4.66；5.117等处。
[2] Statius, *Silvae*, 4.7.44.
[3] Statius, *Silvae*, 4.8.57–58.
[4] Statius, *Silvae*, 5.3.147.

提乌斯着墨最多的、最能代表他心中罗马的优秀习俗与价值观念的主要有以下几种。

一、罗马的虔敬观

在斯塔提乌斯的笔下，虔敬（pietas）是凡人最重要的美德之一，也是最可贵的人格品质之一。在一首悼念老友丧父的诗中，诗人借用《埃涅阿斯纪》中劳苏斯（Lausus）替父挡枪的典故来赞扬克劳迪乌斯·埃特鲁斯库斯（Claudius Etruscus）的虔敬，[1] 并请求人们见证、歌颂并擦拭他为父亲流下的虔敬的泪水[2]。埃特鲁斯库斯的虔敬要求这首诗就像西西里的礁石一样不要转调。[3] 克里斯皮努斯（Crispinus）在父亲逝世后更加渴望虔敬与高昂的勇气。[4] 斯塔提乌斯也祈求让虔敬之神（Pietas）来哀悼自己过世的父亲。[5] 在回顾父亲的功业时诗人写

---

[1] Statius, *Silvae*, 3.3.173.
[2] Statius, *Silvae*, 3.3.6–7.
[3] Statius, *Silvae*, 3.3.173. 西西里的礁石指的是塞壬女妖栖身的礁石。
[4] Statius, *Silvae*, 5.2.98–99.
[5] Statius, *Silvae*, 5.3.89.

道:"或许虔诚之神可助我不逊于口才极佳的荷马,也能与不朽的马洛(Maro,即维吉尔——笔者注)一较高下。"[1] 虔敬不光出现在悼念长辈的诗歌里。阿巴斯坎图斯(Abascantus)对自己的亡妻普莉斯希拉(Priscilla)的虔诚"不仅是他品性的一部分,同时也必将为他赢得所有人的同情,尤其是各位丈夫们的同情"[2]。此种非凡的虔诚值得妻子借画家和雕塑家之手重回人间,被赋予新生。[3] 在《忒拜战记》中,兄弟俩在自相残杀后,是虔敬以及纯粹的爱驱动阿尔吉娅(Argia)只身前往忒拜城,去战场寻找丈夫波吕尼刻斯(Polynices)的尸骨。[4] 同样是出于对兄弟的虔敬,安提戈涅(Antigone)冒着生命危险去为二位兄弟献上一场必要的葬礼。[5] 值得注意的是,《诗草集》中另外两首涉及被释奴去世的哀悼诗中均没有出现"虔敬"的踪影。因此,根据pietas一词出现的语境,在斯塔提乌斯看来,pietas既表达了对死去的亲人(家族内的亲属)的深厚感情,也是一种对死者的应尽责任。Pietas一词在斯塔提乌斯笔下被附上了强烈的道

---

[1] Statius, *Silvae*, 5.3.62–63.
[2] Statius, *Silvae*, 5.*intro.* 2–4.
[3] Statius, *Silvae*, 5.1.4–6.
[4] Statius, *Thebaid*, 12.186.
[5] Statius, *Thebaid*, 12.459.

德与伦理内涵，成为个人应该承担的社会义务，也是衡量个人品行的标准。虔敬作为道德习俗，指导着每一位成员去尊敬和关爱身边的亲属，维护整个家族的共同利益与形象。

此外，pietas被诗人赋予了神的形象，象征着一种超越个人的普遍美德。斯塔提乌斯特别点明"虔敬之神高踞众神之中，在天国中备受爱戴"[1]。在斯塔提乌斯的笔下，元首图密善"关爱自己的人民。应元首的请求，虔诚之神得以重临人间"[2]。《忒拜战记》里有一段情节：忒拜城的王子墨诺叩斯（Menoeceus）为了己邦的荣誉和战争的胜利，决意从忒拜的城墙上跃下而亡。是虔诚之神与勇武之神（Valor）将其遗体抱在怀中，并轻柔地放在地上。虔诚之神在这里除了对逝者的感情外，似乎多了一层对国家和人民的责任。特别值得关注的是，虔诚之神在史诗中还扮演了抵制罪恶、阻止战争爆发的角色："这是场兄弟之战（尽管善良的信仰与虔诚会百般抵抗，但两人终会双双灭亡）。"[3]"虔敬之神长久以来一直被孤立于天庭之外，被凡人与神明共同冒犯。"[4]尽管

---

[1] Statius, *Silvae*, 3.3.1. Virgil, *Aeneid*, 10.796.
[2] Statius, *Silvae*, 5.2.92.
[3] Statius, *Thebaid*, 11.98–99.
[4] Statius, *Thebaid*, 11.457–458.

她"斥责朱庇特（Jupiter）与命运三女神（Parcae）所造成的伤害，并威胁要离开天国的日光"[1]，但在复仇女神（Tisiphone）的咒骂下也只得退出战场，无力阻止兄弟间玉石俱焚的最终惨剧[2]。虽然虔敬女神最终没有出现在两方的决战中，但依然不能否认其重要的象征意义。她的缺席事实上预告了史诗中道德秩序的系列崩塌：克吕昂（Creon）拒绝将阿戈斯的死者妥善安葬，卡帕纽斯（Capaneus）对神明的蔑视，以及整个忒拜之战对交战双方最高统治家族的毁灭性打击，等等。诗人描绘的种种道德崩坏的情节进一步印证了pietas在他心中的普适性。虔敬不仅规范着社会内部的人际关系，也事关整个社会的价值观走向。人们不仅要虔敬自己身边的人，也需要敬畏众神，以此才能安全地生活在世间。

根据瓦根胡尔特（Hendrik Wagenvoort）的考证，pietas最初表示人与人彼此的责任，尤其指血亲之间或婚姻中的义务。[3] 西塞罗将pietas定义为："告诫我们要尽到对国家、对父母、对其他血缘关系的责任。"[4] 同时，西塞罗也进一步把pietas的内涵扩展到了国家以及众神的范

---

[1] Statius, *Thebaid*, 11.463-464.
[2] Statius, *Thebaid*, 11.495-496.
[3] Hendrik Wagenvoort, *Pietas*. vol. 1. Brill, 1980, p.7.
[4] Cicero, *De Inventione*, 2.22.66.

畴中。他在《论神性》中写道:"我确实不知道,如果失去了对诸神的敬畏,我们是否还能看到善良的信念、人类之间的兄弟情谊,甚至连正义本身也将随之消失。"[1] 随着罗马元首制的建立,pietas 也被用来歌颂奥古斯都(Augustus,公元前63—14年)的伟大。例如,元老院献给奥古斯都的黄金盾牌上如此列举他最为出众的美德:勇武,虔敬,仁慈,公正(valiant, pietas, clementia, iustitia)。[2] 在同时代的文学作品中,维吉尔的埃涅阿斯是虔敬神明、恪守责任的典型,为罗马人树立了道德楷模。埃涅阿斯心中"虔敬(pius)"与"愤怒(furor)"的矛盾是贯穿《埃涅阿斯纪》的主题之一。《忒拜战记》也呼应了史诗传统中这两种情感的冲突主题,并将之转化为虔敬女神与复仇女神的斗争,以此助推史诗的情节达到高潮。

公元一世纪末,由于图密善竭力复兴和倡导奥古斯都倡导的价值风尚,斯塔提乌斯也追随维吉尔的脚步,在延续罗马传统的基础上,重新阐发了 pietas 独特的内涵,强调对同族逝者、对罗马国家,甚至对神明的必要义务。总之,虔敬之人不仅在诗歌中受到强烈的赞美,

---

[1] Cicero, *De Natura Deorum*, 1.2.3.
[2] Karl Galinsky. ed., *The Cambridge Companion to the Age of Augustus*, Cambridge University Press, 2005, p.24.

在现实生活中也代表着罗马大众认可的美德,是人们努力追求的美好品质。

二、罗马的仁慈观

如果说虔敬主要映射的是罗马人的谦逊和敬畏的观念习俗,那么仁慈则主要展现了罗马人的克制与慎行。Clementia原本表示"罗马向那些被自己击败征服的民族和城市展现的宽容"[1]。随着共和制的结束与元首制的建立,clementia与上文的pietas一样,成为奥古斯都的主要美德,被塑造为元首统治的必备的德行之一。塞涅卡(Seneca,公元前4—65年)曾概括道:"Clementia指的是在有能力复仇时的一种思想上的节制,抑或是在强者决定惩罚弱者时的一种宽大。"[2]这似乎体现的是一种对待权力的观念,在强调"强者的绝对权力"[3]的同时,也需要权力上位者拥有与之匹配的道德品质。因此,道林

---

[1] Charles McNelis, *Statius' Thebaid and the Poetics of Civil War*, Cambridge University Press, 2007, p.176.

[2] Seneca, *De Clementia*, 2.3.1.

[3] Randall T. Ganiban, *Statius and Virgil: The Thebaid and the Reinterpretation of the Aeneid*, Cambridge University Press, 2007, p.22.

（Melissa Dowling）指出，"仁慈"事实上代表了一种展示自身道德特权的方式：首先由请愿者承认自己的错误行为，并祈求元首的裁判与宽恕。元首在社会道德规范允许的情况下，经过公正评判，最终决定是否赦免对方的部分或全部罪行。[1] 在这种关系中，仁慈地给予人天然具有高于受赠者的权力、地位。祈求者放弃了道德上的主动权，换取对错误行为的赦免；而给予人则通过展现公正与宽大的姿态获得了对方的尊敬，并进一步巩固了自身行使道德裁判权的能力。在《忒拜战记》中，斯塔提乌斯通过对仁慈女神祭坛（Ara Clementia）的描写，集中展现了他心中仁慈的作用机制。

在忒拜城的两位王子——波吕尼刻斯与厄忒俄克勒斯（Eteocles）双双殒命后，忒拜城的新任国王克吕昂竟然禁止将二人和其他阿戈斯的英雄们下葬。英雄们的女眷闻讯后急忙前往雅典城向国王忒修斯（Theseus）乞援。当妇女们到达雅典后，诗人突然插入了一段对仁慈女神祭坛的介绍：

"在雅典城的正中，曾经有一处祭坛。它不属于任何神力。只有温和的仁慈之神在这里落座，被痛苦之人敬

---

[1] Melissa Dowling, *Clemency and Cruelty in the Roman World*, University of Michigan Press, 2006, pp.169–218, pp.276–281.

拜。女神从不缺少祈愿者,她倾听所有人的问询,决不否决与谴责任何祷告。无论白天与黑夜,人们都可前来,用恸哭慰藉女神。敬神仪式非常简朴:无须起火,也不要焚香,更不必祭血。祭坛被泪水沾湿,上方挂有几缕悲痛之人的发丝;悲痛之人待转运后,在此处留下自己的服饰(即可)。一片安详的树林围绕祭台,林间遍布祭拜的崇敬标识……此处无任何肖像,更无虔诚之人镌刻的金属神像。女神乐于驻在信徒的心间脑海。这里欢迎陷入险境的人,以及那些被好运之神(Fliex)的祭坛忽视的穷苦人。……这地方远离暴君、愤怒与威胁。……天下无数民族都知晓这座祭坛。战争中的败将、背井离乡的流亡者、被驱离王座之人、冤屈的罪犯都来这里避难、祈祷和平。"[1]

通过上面的引文可知,仁慈女神没有任何神像,也不需任何祭拜仪式,"女神乐于驻在信徒的心间脑海"。同时,"这里欢迎陷入险境的人",人们可以安全栖身,并享受神明的护佑。这种设置使得仁慈女神的形象有别于常见的罗马神明。在罗马的传统观念中,"一个城市中最为神圣的地方就是祭坛,对祭坛的祭祀只有本城的公民可以参加。而外人哪怕看上一眼,都可以算作是一种

---

[1] Statius, *Thebaid*, 2.480–510.

严重亵渎神明的罪恶"[1]。然而，不同于波斯等地的社会观念中宗教建筑突出的专属性与排他性，在《忒拜战记》中，雅典城中仁慈女神的祭坛供所有落难之人随意接近，不分种族与受难的原因，一视同仁地提供帮助与抚慰，展现出一种普适性和平等性。因此，那些来自异邦阿戈斯，刚刚遭受丧亲之痛的妇女，能够在雅典、在仁慈祭坛这里找到一片舒适与宁静的地方："她们的心立刻找到了休憩之所，焦虑也有所缓和。"[2]在斯塔提乌斯的史诗语境下，clementia不再强调原有的那种向敌人展示的恩惠，而是将之化为一种能够安抚人心、平复情绪的精神力量，一种保护与慰藉。

有学者认为《忒拜战记》里的仁慈之神暗示的就是现实中的图密善。但笔者认为这种说法存在一定的问题。《诗草集》中有两处提到图密善的仁慈，其一："因为这就是仁慈：赏给被征服的卡提人（Catti）优厚的条约；在经历了艰苦的作战后，认为达契亚人（Dacia）、马可曼尼人（Marcomani）以及游牧的萨尔马提亚人（Sarmatia）配不上一场拉丁式的凯旋。"[3]其二："那时候，统治者高

---

[1] 见Virgil, *Aeneid*, 3.408；Pausanias, 5.15；Appian, *Civil Wars*, 1.54等。
[2] Statius, *Thebaid*, 12.512.
[3] Statius, *Silvae*, 3.3.167-171.

贵的仁慈尚未开始保护男婴在出生时的完好无损。"[1] 显而易见，clementia在这两处依然沿用罗马传统，代表一种罗马对外族、元首对公民的恩赐，与《忒拜战记》中仁慈女神慰藉人心的形象差异较大。

虽然clementia与现实政治间的影射关系在学界还存在很大争议，但不能否认，斯塔提乌斯确实将"仁慈"这一美德神格化，提升为天神中的一员，为《忒拜战记》礼崩乐坏的道德体系带来一丝希望。如果结合斯塔提乌斯是在公元69年内战刚结束不久的背景下创作的《忒拜战记》，clementia精妙地代表了诗人对罗马传统神明观和价值观的改造与创新。或许在斯塔提乌斯眼中，代表了心目中恢复秩序与和平、安抚人心的良策，是一种应该大力倡导的价值观念，是需要大力倡导并亟待复兴的罗马历史习俗中的美德传统。可以想见，随着斯塔提乌斯在广场上的高声朗诵，[2] 随着《忒拜战记》被当作课本被全意大利境内的学童研读，[3] clementia的概念也不断被传颂久远。在斯塔提乌斯看来，强权无法天然带来美德与社会地位，适当地展示自身的宽恕，不仅能够获得

---

[1] Statius, *Silvae*, 3.4.73–74.图密善曾经禁止对男婴的阉割，见 Suetonius, *Vita Domitiani*, 7; Martialis, 6.2, 9.5。
[2] Juvenalis, *Satirae*, 8.82–83.
[3] Statius, *Thebaid*, 12.815.

对方的尊重，也是提升个人形象与维护社会秩序稳定的手段。

三、罗马的信仰文化

罗马人认为，坚定的信仰是自身繁盛的保障之一，是罗马人世世代代坚守的思想根基。众神的护佑是罗马人心中的公理，即使在基督教渐占上风的公元4世纪也依然难以被轻易推翻。"无论社会形态和政治体制如何变化，罗马的宗教总是着眼于与罗马的传统相一致，新传统与旧传统共存。"[1]虽然罗马的社会形态不断改变，但信仰作为习俗观念的组成部分，始终在罗马人心中占据重要地位。由此，我们更需要立足原始文本，从史料本身出发去提炼罗马多元而又独特的信仰理念。斯塔提乌斯的《诗草集》中集结了大量诗人写给亲友、保护人以及元首的颂词和哀悼诗，提及了不同的神明崇拜习俗。《忒拜战记》中也充满了对神祇和各种朕兆的生动描述。

---

[1] Antony Augoustakis, ed., *Ritual and Religion in Flavian Epic*, Oxford University Press, 2013, p.2. 转引自 M. Beard, Price North, R.F. Price, eds., *Religions of Rome: Volume 1, A History*, Cambridge University Press, 1998, pp.79-113。

这些材料充分反映了以斯塔提乌斯为代表的罗马公民如何看待周边环境，如何思考自身在世界中的位置。

（一）日常化的信仰

吕普克（Jörg Rüpke）认为，罗马的传统信仰是一种"内嵌式宗教"，即它渗透在罗马人生活的方方面面。[1] 和其他罗马习俗文化类似，从衣食住行、婚丧嫁娶等日常生活到节庆竞技、交战媾和等国家大事，似乎罗马人的一切社会实践中都或多或少地包含信仰和神明的元素。法国学者古朗士（Fustel de Coulanges）早就提出："古代所有的制度及私法皆出自宗教，而城市的原则、条例，习俗及职官制度都出自宗教。"[2] 在古代罗马，宗教行为会延伸到一些我们当今决不会认为具有"宗教性"的领域，"就像我们当今决不会认为异族之间将妇女作为财产和出嫁的聘礼进行交换都是合法的经济活动一样"[3]。这也说明与许多现代世界习以为常的观念不同，宗教信仰在古代社会一般被人们视为理所应当的生活习惯，牢牢

---

[1] J. Rüpke, ed., *A Companion to Roman Religion*, John Wiley & Sons, 2011, p.5.
[2] [法]古朗士著，吴晓群译：《古代城市：希腊罗马宗教、法律及制度研究》(第二版)，上海人民出版社2012年版，第35页。
[3] J. Rüpke, ed., *The Religion of the Romans*, Polity, 2007, p.6.

地镶嵌在罗马的文化基因中。

在拉丁语和古希腊语中，似乎没有一个词汇能与现代意义上的"宗教"或"信仰"完全对应。Religio的意义似乎最为接近当今通行的概念，表示"一种官方崇拜，只有城邦有权准许或禁止崇拜某个神"。但直到罗马帝国晚期的基督教作家开始用这个词代指自己的宗教后，religio似乎才更加接近现代的用法，意指"一种独特的、广泛的、明晰的信仰体系和实践"。斯塔提乌斯本人则认为religio更属于人际关系的范畴，表达一种对亲属的感情："爱在世的妻子是愉悦，爱过世的妻子是religio。"[1] 因此，只有回到文字中，才能更加贴近斯塔提乌斯生活的那个年代，更好地理解当时大众约定俗成的信仰习俗与观念。

在《诗草集》中，诗人为友妻的康复、为老友的远行、为元首的庆典等虔诚地向众神祈愿。似乎只有神意的荫庇才可确保诸事顺利无虞。在《忒拜战记》里，神明的力量贯穿全书，众神为人间降下各种朕兆，护佑各自支持的城邦和军队。同时，斯塔提乌斯的作品中还提到了各种祭祀庆典等信仰习俗。可以说，诗人笔下的文字处处显露着罗马信仰文化的元素。在《诗草集》第一卷第四首诗中，诗人高呼："啊，高天中的神啊！"祈祷

---

[1] Statius, *Silvae*, 5.*intro*. 4–5.

自己的朋友路提乌斯·加里库斯（Rutilius Gallicus）能早日康复。在这位朋友病愈后，诗人又将功劳归于阿波罗（Apollo）和医神阿斯克勒庇俄斯（Aesculapius），因为他之前在阿波罗竞技会上为两位天神敬献过荣誉。[1]斯塔提乌斯也为自己的保护人——当时正前往叙利亚（Syrium）的梅西乌斯·切勒（Maecius Celer）祈求神意的眷顾，"神明的愉悦可以保护勇敢的船只，消除多风的大洋的危险"[2]。诗人期望"让浪涛平息，没有嘈杂抵制我的祈祷"[3]，他不仅向海神尼普顿祈祷，也恳求各路海空神明共同保佑航行顺利[4]。诗人恳请切勒的小船"快快前行，因为海面上有各种妖魔鬼怪"[5]，并保证"我虔诚的心会默默遥祝，决不会缺席"[6]。在日常生活中，与斯塔提乌斯交好的都是一些笃信众神的罗马公民和贵族。诗中描述了普莉斯希拉与阿巴斯坎图斯这对夫妻对宗教

---

[1] Statius, *Silvae*, 1.4.1–2.
[2] Statius, *Silvae*, 3.2.1–2.
[3] Statius, *Silvae*, 3.2.3–4.
[4] Statius, *Silvae*, 3.2.10–15.他祈祷的神明包括卡斯托耳（Castor）、波勒克斯（Pollux）以及海洋仙女涅瑞伊得斯（Nereids）、帕勒蒙（Palaemon）。在传统神话中，这些神明可以指引航行的路径，帮助迷途的水手找到正确的前进方向。
[5] Statius, *Silvae*, 3.2.78.
[6] Statius, *Silvae*, 3.2.99–100.

的虔诚。[1]普莉斯希拉病重之时，选择通过祈祷的方式向众神求助；普莉斯希拉在临终前嘱咐丈夫要记得向卡皮托利山（Capitoline）上神庙中的黄金神像祭拜。有一次，斯塔提乌斯和朋友保利乌斯（Pollius）同奴隶们一起庆祝特利维雅（Trivia）节，在海边共享盛宴。然而，一场风暴骤然而起，欢庆的人群被迫四处躲避。偶然间，他们来到一间曾是赫拉克勒斯（Hercules）神龛的小房子中栖身。[2]当一行人在这间破屋里避难时，赫拉克勒斯潜入了保利乌斯的心，催促他在风暴过去后要为自己建造更大、更合适的神龛。[3]后来，保利乌斯信守承诺翻建了一座赫拉克勒斯神庙。斯塔提乌斯也特意作诗一首来纪念这一神迹。[4]

重要活动和人生节点同样少不了神明等信仰元素的介入。诗人笔下的婚礼一定有众神前来贺喜："看啊，女神们从悠扬的赫利孔山（Helicon）远道而来。[5]……埃涅阿斯的母亲［维纳斯（Venus）——笔者注］领着新娘……亲自准备婚床和典礼仪式，用拉丁人的盛装打扮

---

[1] Statius, *Silvae*, 5.1.

[2] Statius, *Silvae*, 3.1.82–85.

[3] Statius, *Silvae*, 3.1.100–105.

[4] Statius, *Silvae*, 3.1.

[5] Statius, *Silvae*, 1.2.4–5.

自己。[1]……福玻斯（Phoebus，即阿波罗——笔者注），欧汉（Euhan），还有来自米那努斯山（Maenalus）飞行的提基亚人（Tegean）送来花环。[2]……当你（新郎——笔者注）拥抱你期盼已久的、肌肤雪白的新娘时，欢快的爱神（Amor）和优雅之神（Gratia）为你们泼洒无数花朵与香露。[3]"在自己父亲的葬礼上，除了为众神恭敬地献上祭品，斯塔提乌斯也动情地祈望朱诺（Juno）和各位阴间的神祇能够赶走面目狰狞的复仇女神，停止地府三头看门犬的狂吠，以便自己的父亲能顺利进入阴间安息。[4]《诗草集》中也不缺少对庆典的描写。斯塔提乌斯骄傲地表示每年十二月初一的萨图恩节是罗马神圣统治的象征，只要罗马还存在，这项节日庆典就会永远继续下去。[5]诗人在祝贺图密善的第十七个执政官任期时，极力将元首神化，把他描绘成与朱庇特共御世间的真神，要永远接受万民的崇拜。[6]不可否认，如神祇、祭祀、

---

[1] Statius, *Silvae*, 1.2.11–13.
[2] Statius, *Silvae*, 1.2.17–18.
[3] Statius, *Silvae*, 1.2.19–21.
[4] Statius, *Silvae*, 5.3.277–287.
[5] Statius, *Silvae*, 1.6.100–103.
[6] 如 *Silvae*, 4.1是一首纪念图密善第十七次当选执政官的颂诗，里面将元首与朱庇特相提并论。在 *Silvae*, 5.1.37–39中，有几句话提到了图密善与众神平分寰宇。

祈愿等信仰习俗已成为罗马人公私生活中不可或缺的环节，也折射出罗马人对外部世界运行规律的想象和美化。

《忒拜战记》同样包含了大量与信仰习俗有关的内容。众神在诗中常常通过各种方式直接或间接地参与凡间的事务。在第一卷中，复仇女神接受了俄狄浦斯的祈祷，在忒拜城降下不和，引发兄弟决裂[1]。而后，众神之父朱庇特也派出墨丘利（Mercury）进一步激起两方的怒火，[2]并下令将忒拜城的老国王拉伊俄斯（Laius）的灵魂带回人间，为现任国王厄忒俄克勒斯托梦送去战争的预兆[3]。在第四卷中，巴克斯召唤自己的神仙同伴们在大地降下干旱，试图阻止阿戈斯联军前进。[4]守护信众是诸神的义务。史诗中的朱诺屡次在关键时刻保护阿戈斯人，带领阿戈斯的妇女们前往雅典向忒修斯乞援，[5]并承诺"要去说服帕拉斯（Pallas）允许妇女们进入雅典城，且答应听取她们的祈求"[6]。

由于众神对世间万事万物的干预，斯塔提乌斯笔下

---

[1] Statius, *Thebaid*, 1.114–196.

[2] Statius, *Thebaid*, 1.290–310.

[3] Statius, *Thebaid*, 2.60–70; 2.71–133.

[4] Statius, *Thebaid*, 4.697–738.

[5] Statius, *Thebaid*, 12.464–465.

[6] Statius, *Thebaid*, 12.295.

的凡人也会用各种方式寻求并解释神意,以确保自己在开始行动前拥有上天的惠准。例如,在第一卷中,阿德拉斯图斯(Adrastus)知晓了前来王宫避难的两位青年的身世后,立即向深夜之神祈祷,认为阿波罗曾经的神谕(Tripodum)已经成真,现在是还愿的时候了。[1]人们在重大事件之前一定要通过祭祀或者占卜咨询神意。因此,在开战的前一晚,阿戈斯的士兵们"或向众神祈祷,或拿起武器准备战斗"[2]。负责占卜的祭司们不仅是上天信号的传递者,由于他们的专业知识,还可以通过各种宗教仪式,充当勾连凡间与神界的使者。在《忒拜战记》第三卷中,阿戈斯的老国王阿德拉斯图斯因为自己的女婿波吕尼刻斯一心要率军打回忒拜而心神不宁。"犹豫不决中,一个想法最终赢得青睐——去征求预言家的意见,去能真正预见未来的圣地求助。"[3]接受国王的请求并完成一系列献祭仪式后,祭司们可以通过牺牲内脏烧过后的形状或者天空中飞鸟的飞行轨迹解释预兆,并给出卜辞。[4]在诗歌里,随着情节的发展,这次占卜显现出的种种朕兆最终一一应验。史诗中的描写虽然带有虚构情

---

[1] Statius, *Thebaid*, 1.482–532.
[2] Statius, *Thebaid*, 7.460–461.
[3] Statius, *Thebaid*, 3.450–451.
[4] Statius, *Thebaid*, 3.460–489.

节与夸张的修辞技法，但至少可以看出，在斯塔提乌斯心中，凡人的知识终究是有限度的，面临重大决策和事件时，必须在遵从神明的意志与朕兆的情况下再做抉择。

（二）多神的信仰世界

罗马人相信神明的存在，信奉的是多神的世界观。根据他们的信仰习俗，众神各司其职，名号繁杂，对应着世间万事万物。"毕竟，巨大的神祇数量和多样的神明类型是罗马多神信仰的典型特征。"[1]在罗马人心中，神祇们属于世界的一部分，他们各自掌管不同的领域，随时随地影响着凡人的生活。凡人则需要严格遵从各种代代相传的习俗，以此表达自己的真诚，尽量赢得神明的善意，保证诸事顺利。

在《诗草集》中，诗人根据对象不同、场合不同向相应的神明祈祷。例如，诗人在祝一对新人早生贵子时，祈祷"让善良的赛西娅（Cynthia）加速十月的怀胎，但也请露西娜（Lucina）仁慈一点"[2]。在罗马神话中赛西

---

[1] Denis Feeney, *Literature and Religion at Rome: Cultures, Contexts, and Beliefs*, Cambridge University Press, 1998, p.79. 中文版见［美］丹尼斯·费尼著，李雪菲、方凯成译，吴飞审校：《罗马的文学与宗教：文化、语境和信仰》，北京大学出版社2015年版，第101页。

[2] Statius, *Silvae*, 1.2.268-270.

娅是月神，露西娜是负责分娩的女神。在一首为克劳迪乌斯·埃特鲁斯库斯家的浴室而作的即兴诗里，斯塔提乌斯用三十行诗向各种与水有关的神祇祈祷，盼望他们为自己带来灵感。[1]第三卷第二首诗中出现了伊西斯（Isis）[2]等许多埃及神明的名字。诗人向这些神明呼吁，请他们保护自己朋友的船只能够顺利通过埃及附近的海域，如愿抵达目的地（叙利亚）。[3]对罗马人而言，神灵的能力和管辖的领域各有侧重，神明源自何处并不非常重要，只要能发挥作用，保佑凡人顺利，就都可以被人们祭拜、祈祷，甚至被吸收进罗马人的信仰体系之中。

《忒拜战记》开篇中诗人便交代，是"缪斯女神的火焰触动（incidit）我的理智"[4]才写下这部诗作。虽然这种表达是遵循罗马的史诗传统，[5]但也可体现出诗人笃信

---

[1] Statius, *Silvae*, 1.5.1-30.
[2] 伊西斯除了是来埃及的神祇外，还是罗马人心目中水手和行船的保护神。有关伊西斯可以保护水手的部分请见 Apuleius, *Metamorphoses*, 11.16。
[3] Statius, *Silvae*, 3.2.101-120.
[4] Statius, *Thebaid*, 1.1-2.
[5] 维吉尔、奥维德等史诗作者都在诗作开篇向神明请呼。例如，《埃涅阿斯纪》1.1-2：诗神啊，请你告诉我，是什么缘故，是怎样伤害了天后的神灵。《变形记》(*Metamorphoses*) 1.1-4：天神啊，这些变化原是你们所促成的，所以请你们启发我去说。

自己的诗艺是由缪斯女神控制的。史诗中不同的神明支持不同的城邦。朱诺一直站在阿戈斯人这一边，决战后还帮助阿戈斯的妇女们寻找英雄们的尸骨。[1]战神马尔斯（Mars）则在朱庇特的请求下加入了忒拜人的阵列。[2]此外，神祇往往拥有各自的神力和特点。例如，命运三女神（Fata）纺出的线决定了人类寿命的长短和死亡的时间。第二卷中有一段关于巴克斯狂欢节的描述："妇女们因醉酒而发狂，聚集在人迹罕至的树丛中，参加一场华丽且秘密的酒神祭典。"[3]在阿戈斯联军遭遇大旱而饥渴难耐之时，由首领阿德拉斯图斯向森林女神祈求，希望她能够降下雨水，缓解将士们的口渴。[4]维纳斯和波

---

[1] Statius, *Thebaid*, 12.1 34–6, 464–70："全副武装的朱诺正挥舞一支月光火炬，她用裸露的右手在原野上指点道路，为她们增加勇气，并指出尸体的位置。"

[2] Statius, *Thebaid*, 7.64–74.

[3] Statius, *Thebaid*, 2.80–100.罗马人对于巴克斯信徒的偏见和迫害主要是由于他们是在夜晚进行庆祝，同时又是男女一起活动，人们故意避开公众，一定是有什么特别的企图。在希腊，狄奥尼索斯秘仪的信徒通常被认为是受尊敬和虔诚的，而在罗马，他们则被认为是潜在的反叛力量。有关酒神崇拜的内容请见Mary Beard, John North, and Simon R.F. Price, eds., *Religions of Rome: Volume 1, A History*, Cambridge University Press, 1998, pp.92–96;以及J. Rüpke, *The Religion of the Romans*, Polity, 2007, pp.31–32。

[4] Statius, *Thebaid*, 4.739–760.

吕克索（Polyxo）能够操纵利姆诺斯（Lemnos）的妇女们犯下谋杀亲夫的恶行。[1]

和上文介绍的虔敬与仁慈观念类似，斯塔提乌斯在作品中也经常将其他特定的概念或情感描绘成神明的形态。在诗人笔下，"流言之神（Fama）总能揭露统治者的真实想法"[2]；恐慌之神（Pavor）是战神的得力干将，专门负责使敌军突然陷入惊惶。[3]此外还有虔敬女神引领凡人敬畏神意；[4]仁慈女神拥有自己的祭坛以供那些惨遭不幸的人前来祭拜；[5]睡神（Somnus）既可令忒拜人的军营瞬间陷入酣睡，以方便阿戈斯军队夜里偷袭，[6]也可帮助诗人快快摆脱失眠的烦恼[7]。当然还有罗马文化中常见的人格化的神祇——命运女神（Fatum）和机运女神

---

[1] Statius, *Thebaid*, 5.128-169, 怂恿妇女。*Thebaid* 5.170-205, 妇女们正式实施。
[2] Statius, *Thebaid*, 2.345.
[3] Statius, *Thebaid*, 3.424.
[4] Statius, *Thebaid*, 7.217.
[5] Statius, *Thebaid*, 12.481-518.
[6] Statius, *Thebaid*, 10.315-320.
[7] Statius, *Silvae*, 5.4.1：年轻的睡神啊，最善良的神，是什么原因，抑或是我犯下了何种错误，致我缺少您的眷顾。5.4.18-19：就请用您的魔杖尖最后触碰我一次，或者轻轻地经过我的身边。

（Fortuna）。[1]"这种拟人化（Personification）的神明构成了罗马城邦崇拜中一个重要且在概念上具有挑战性的范畴。"[2]这些对情感与现象的神格化不仅是史诗惯用的修辞方法，同时也可从中看出，斯塔提乌斯确实相信，自古以来就有超越凡人思想的神意控制世间万物，而凡人则必须遵从和实践。

四、小结

本章主要考察了斯塔提乌斯诗歌中涉及罗马日常习俗的核心概念，特别是他对一些关键词汇的使用情况。通过上文的梳理可以发现，斯塔提乌斯的诗歌绝非凭空虚构，而是有着深厚的罗马现实作为思想背景。各种繁杂且悠久的习俗传统，密集地出现在斯塔提乌斯诗歌的

---

[1] 例如，老普林尼（Pliny the Elder）在《自然史》2.22中写道：在整个世界中，她（命运女神）在任何时间、任何地点被所有人祈祷，她的名字被所有人呼唤……我们屈从于机运。后文还将详细介绍命运女神在斯塔提乌斯作品中的形象。

[2] Denis Feeney, *Literature and Religion at Rome: Cultures, Contexts, and Beliefs*, Cambridge University Press, 1998, p.85. 中文版见［美］丹尼斯·费尼著，李雪菲、方凯成译，吴飞审校：《罗马的文学与宗教：文化、语境和信仰》，北京大学出版社2015年版，第108页。

字里行间，也贯穿于罗马社会生活的各个领域。这些罗马人习以为常的习俗观念，从道德和精神层面框定了他们处理人际关系的方式，以及他们看待外部世界的基本态度。受到"虔敬""仁慈"等观念的强烈影响，罗马人习惯于对待强者要心存敬畏，对待弱者则适当展示仁慈的态度，都被认定为人与人交往的原则。除了具体的人际关系，罗马人心中还存在一个超越现实的信仰世界。神明介入世间的万事万物，掌管普通人生活的方方面面。在这个有众多神明的信仰体系中，宗教、战争与政治相互关联，甚至连情感和心理活动也被看不见的神明掌控。凡人需要众神的护佑，神明也享受凡人的虔诚祭拜以维持威仪。总之，无论是在斯塔提乌斯的诗歌中，还是在实际生活里，习俗观念拥有强大的惯性和力量。那么，罗马人平时的生活实践如何体现并受到各种习俗观念的影响将是下一章的主要内容。

第二章　斯塔提乌斯笔下的罗马生活习俗

观念与意识对人们的实践具有明确的指导作用，而实践反过来也会进一步强化人们对特定观念的系统认识。本章主要关注斯塔提乌斯诗歌里所体现的庆典仪式等罗马习俗实践。如上文所言，在《忒拜战记》和《诗草集》等作品中，斯塔提乌斯通过诗歌语言描绘了大量的生活场景。这些内容反映了许多罗马人遵循的风俗习惯与传统。本章将选取其中最具代表性的一些文本切片，并结合其他罗马历史文献，试图还原并介绍这些仪式活动的基本过程及其意义。

一、罗马的庆典仪式

仪式指的是一种行动状态，往往表达了对某些价值观或习俗的认可和尊崇。仪式可以表示祝福、虔敬、奉献、索取、接受、着装肃穆、举止谦恭等意义，在罗马文化中代表了一系列履行传统义务或庆祝节日的行为。[1] 在拉丁语中，ritus主要涵盖行为规范和崇拜方式等抽象范畴，而ceremonia则意为礼仪中的规定内容，即按特定次序进行的动作和整套复杂的仪式。[2] 可见，罗马的传统习俗仪式兼具实际功用与象征意义。婚丧嫁娶、宴饮聚会作为绝大多数罗马人都会经历的重要场合，也是斯塔提乌斯主要的创作主题。这些场合往往需要各方的参与，并遵循一整套约定俗成的仪式，因而特别集中地体现了罗马的习俗传统。

（一）罗马的婚礼习俗

婚姻是罗马人最基础的社会关系之一。婚礼作为形成婚姻关系的主要仪式，因而也成为罗马人最重要的人生节点之一。在许多罗马人看来，婚礼不仅象征着两个家族的结合，也意味着上天对两位新人的认可与护佑。在《忒拜战记》中，斯塔提乌斯描述了一场盛大的王族婚礼：阿戈斯国王阿德拉斯图斯依照代代流传的古老预

---

[1] John Scheid, Janet Lloyd trans., *An Introduction to Roman Religion*, Indiana University Press, 2003, pp.30–31.
[2] 魏明德、吴雅凌编著：《古罗马宗教读本》，商务印书馆2012年版，第57、58页。

言，将两位女儿阿尔吉娅和得伊皮勒（Deipyle）嫁给来自外邦的英雄——忒拜王子波吕尼刻斯和卡吕冬的贵族提丢斯（Tydeus）。而在《诗草集》中，诗人为自己的好友，也是当时的上流贵胄斯特拉（L. Arruntius Stella）献上了一首颂诗（epithalamium），祝福对方即将举行的盛大婚礼。[1]这两篇有关婚礼的文本，生动展现了罗马人婚礼仪式的主要过程和指导思想，可以作为罗马的婚礼习俗的典型缩影。

与现代人熟悉且广泛接受的"婚姻自由"不同，罗马人的婚姻充满了权利的不平等。女性很少能够在结婚对象的选择上拥有自主权，往往需要得到父亲或兄长的首肯。很多情况下甚至不经女性同意就能够将其许配给其他人。[2]在《忒拜战记》中，当阿戈斯国王听说了雨夜

---

[1] Statius, *Silvae*, 1.2. 根据洛布版译者贝利（D. R. Shackleton Bailey）的考证，斯塔提乌斯创作该篇诗歌大约是在公元90年。此时，新郎斯特拉曾担任过元老才有资格担任的官职，并且是享有盛誉的十五人团的成员。在公元101年或102年，斯特拉成为代理执政官，迎来了其人生的高光时刻。他的妻子名叫维奥伦蒂拉（Violentilla），是一位出生于那不勒斯的富有寡妇。D. R. Shackleton Bailey, "prefatory note", in *Thebaid*, Loeb Classical Library, Havard University Press, 2004, p.2.

[2] Karen K. Hersch, *The Roman Wedding: Ritual and Meaning in Antiquity*, Cambridge University Press, 2010, pp.1-3.

落难到王宫门口的两位男子的高贵出身后，心中便已决定将女儿嫁给他们："因为我有两位女儿待字闺中。她们同时成年，是我孙辈的幸福保障。你们可以不相信老父我的话，但从昨晚的盛宴上你们也能对她们的优雅与谦和有个评判。许多爱慕她们的男人，有王权和远及四方的霸业可供夸耀。要列数这些斐莱人（Pheraean）与欧巴鲁斯人（Oebalian）的首领们的故事，可要费不少时间。 每位亚该亚（Achaea）城镇的母亲都带着对繁荣的希望，渴求她们。你的父亲俄纽斯（Oeneus）没有蔑视婚约，另一位父亲也并不害怕他的缰绳 。但我不会从斯巴达人或伊利斯人（Elis）中挑选女婿：感谢众神，你们二人来到此地。你们出身高贵、器宇轩昂，证明神谕非虚。你们注定是我的宫殿的守护者，为我长久地延续血统。这是你们忍过漫长寒夜的回报，也是那场冲突的奖赏。"[1]

听到国王抛出的婚约，两位年轻人当即决定接受："有谁不愿意有这样一位岳父呢？虽然我们二人都被家乡流放，维纳斯也未带来任何愉悦，不过我们心中的悲伤现已平息，折磨精神的痛苦也转瞬即逝。我们收到这份抚慰无比喜悦，就像被暴风蹂躏的大船看到前方亲切的

---

[1] Statius, *Thebaid*, 2.155-170.

陆地一样。我们非常激动,能加入拥有吉兆的王国。在命运的安排下,延续我们天定的人生与功业。"

紧接着,斯塔提乌斯就开始描述大婚的场景。[1]但是自始至终都没有出现两位待嫁的新娘发表意见的场景。似乎在诗人心中,两位未婚少女早已默认父亲替她们挑选的对象,也默认了自己将要出嫁的事实。同样,在《诗草集》中,斯塔提乌斯将主要篇幅放在描述男方的品行才学,以及高贵的出身和社会地位上。对于女方,诗文中只是借用天神之口提及了她出众的样貌与性格,名字虽然出现了一次,但依然没有相应地介绍她的出身背景。正如赫尔施(Hersch)所言,婚姻在罗马的传统习俗中往往是男方家族占据更高位。女性声音在斯塔提乌斯等男性作者笔下的缺失,一定程度上反映了这种性别的不平等。在斯塔提乌斯等罗马作家的笔下,和意气风发、自信勇敢的新郎形象不同,新婚前的女方总是被描绘成既害怕又高兴的状态,仍在学习如何侍奉自己未来的丈夫。例如,《忒拜战记》里如此描述道:"两位少女举止尊贵,衣着华丽,双眼低垂,端庄的双颊霎时漫上红晕。对少女之身的后悔之情最后一次悄然溜进她们的心。内疚的忸怩第一次蹿上她们的面庞。接着,泪水

---

[1] Statius, *Thebaid*, 2.185–195.

似一场大雨淋湿了她们的脸颊，为父母的慈爱之心带去欣慰。"[1]

虽然话语权力存在差异，但至少名义上，新婚双方都需要获得神明的认可与祝福才能正式迈入婚礼仪式。根据罗马的习俗，掌管婚姻与典礼的神祇主要有朱诺、维纳斯，以及海曼（Hymen）。[2] 因此，很多婚礼选择在六月举行，以此表示对朱诺和维纳斯的敬意。在《诗草集》中，诗人写道："海曼早就靠在门柱上，试图为诗人带来一首全新的婚礼歌曲。"[3]

主人对新郎祝福道："朱诺曾将赫拉克勒斯的功业分配给你，而你绝对配得上这份奖赏。"（1.2.38–40）在《忒拜战记》中，天神们不仅参加了婚礼，还积极为之宣传："传闻之神飞遍结盟的城市。消息在口口相传中不仅遍及周边地界，甚至抵达遥远的吕开俄斯山（Lyceus），远飘至帕耳忒尼俄斯山（Parthenius）和埃非里（Ephyre）的乡野。"[4] 总之，在笃信神明的罗马人眼里，婚姻既是凡人之间的契约关系，也是神明保佑的结果。

---

[1] Statius, *Thebaid*, 2.230–235.
[2] Karen K. Hersch, *The Roman Wedding: Ritual and Meaning in Antiquity*, pp.236–265.
[3] Statius, *Silvae*, 1.2.238–240.
[4] Statius, *Thebaid*, 2.205–208.

（二）罗马的葬礼习俗

除了代表新生活的婚礼，葬礼作为罗马人的人生大事，也受到罗马人的特别重视。他们认为没有得到妥善安葬的死者无法在阴间安息，此人的魂魄也只好成了孤魂野鬼，在大地上凄惨游荡。斯塔提乌斯在《诗草集》中集结了多首哀悼亲朋的哀歌，《忒拜战记》中也多次生动地描写了葬礼场景，笔者希望透过这些相对丰富的材料，尝试提炼出其中基本的习俗实践。

古希腊、罗马文明历来有尊敬逝者的传统。罗马人将逝去的人视为神明的一种，并由此建立起一整套有关死者的习俗仪式。墓葬被视为献给死者灵魂的祭品，被罗马法律视为宗教财产。墓碑上一般刻着D.M.S（dis manibus sacrum，即献给神圣的灵魂之神）。

斯塔提乌斯认为人的寿命是由命运之神控制的，死亡是不可避免的。诗人曾感叹道："我们是悲惨的，无从知晓自己的末日何时到来，我们会以怎样的姿态离开，哪片星辰闪现意外之事，哪片云彩又会充实我们的命运。"[1]在另一首诗中，一位妻子在临终时动情地对丈夫说，死神早已经决定让她先走一步，死后的她自会变

---

[1] Statius, *Silvae*, 2.1.223-225.

成灵魂供丈夫悼念,希望他不要太伤心。[1]面对父亲的过世,斯塔提乌斯虽然悲痛异常,但也承认死亡的必然性,只求"死神可以化成睡眠伸展您的四肢,在睡梦中把您载到阴间"[2]。在《忒拜战记》中,麦昂(Meon)自刎之时高喊:"是的,我要伴着喜悦上路了,与自己被夺走的命运相会。"[3]婴儿被杀时诗人悲叹道:"严酷的命运三女神已剪短了你的命运之线。"[4]忒拜决战开始前,"阿戈斯人全副武装等待被命运宣判"[5]。在斯塔提乌斯的宗教世界里,凡人的寿命靠命运女神的亘古不变的纱轮纺成,连朱庇特也没有更改的权力。因此,"那位少年的死期已近,这命运不可更改"[6]。同卢卡努斯一样,斯塔提乌斯"也将命运视作决定世界上一切事件的终极力量"[7]。这种命运观显然来自斯多葛学派的基本理论。西塞罗在《论命运》中论及:(命运——笔者注)一种命定和诸因之果,它是由因的联系从它自身产生出任何事

---

[1] Statius, *Silvae*, 5.1.170-190.
[2] Statius, *Silvae*, 5.3.260-261.
[3] Statius, *Thebaid*, 3.85-86.
[4] Statius, *Thebaid*, 5.274-275.
[5] Statius, *Thebaid*, 6.913.
[6] Statius, *Thebaid*, 9.611.
[7] 张子青:《论卢卡努斯〈内战记〉中的罗马观》,硕士学位论文,北京师范大学,2013年。

物。它是从永恒而来的永恒真理。因此，将来不发生的事物绝对不会发生，同样如果这事物本来就是自然并不包含的，那么这样的事物也不会发生。[1]结合斯塔提乌斯对命运的理解，不难看出斯多葛学派的明显影响。诗人坚信，命运是不可违背的，它决定世间的一切，凡人必须遵守命运预先设定好的路径，即使违背本人的意志。[2]

人在弥留之际，会有亲朋好友们围在身边为他祈祷。斯塔提乌斯在诗中曾盛赞一对夫妻。丈夫守在妻子的病榻边，不停地向神明求助，泪眼婆娑中陪她走完人生的最后一程。[3]死亡是不可避免的，但可以通过祈祷请求神明保佑死者顺利进入阴间安息。诗人"祈望朱诺和阴间的各位神灵能够赶走面目狰狞的复仇女神，停止三头狗的吠叫"[4]。虽然人死如灯灭，但可以花钱买到他们在

---

[1] Cicero, *De Divinatione*, 1.125–126. 中译文参见石敏敏、章雪富：《斯多亚主义》(Ⅱ)，中国社会科学出版社2009年版，第96页。

[2] 例如，我们被命运坚定不移的周期指引（7.197）。在《埃涅阿斯纪》中，命运也是一种非常重要的力量，尤其表现在埃涅阿斯因为维纳斯的命令必须拒绝狄多，并离开迦太基的时候（4.340–47）。奥维德的《变形记》中也有类似的诗句，如"命运女神已经在将来的某时策划好了一场大冲突"（1.253–61）。

[3] Statius, *Silvae*, 5.1.

[4] Statius, *Thebaid*, 5.5.

另一个世界的平安生活，虽然死者无法复生，但是可以用画像或者雕塑来复原他们生前的相貌，以供生者哀伤悼念。[1]

罗马人的葬礼一般都选择在远离市镇中心的墓地中进行，因为他们害怕不洁的尸体会污染土地。[2]当游行的队列抬着棺木到达墓地后，葬礼就正式开始了。印欧语系的民族基本上都实行火葬，"从罗马共和国后期开始到帝国时期，火葬是意大利地区大多数罗马人，尤其是罗马贵族热衷的下葬方式"[3]。《忒拜战记》第七卷描述了俄斐尔忒斯（Opheltes）盛大的葬礼："现在两座高度、尺寸相同的祭坛被竖立起来。一座献给悲伤的灵魂，一座献给神明。弯号发出低沉的声音，标志哀悼开始。希腊（阿戈斯——笔者注）将领们也带来礼物和祭品，以供焚烧。礼物上的符号代表向他的名族曾经取得的胜利致以最虔诚的敬意。"[4]接着，"棺椁托在一队少年（由王族们从各自的军队中挑选出来的）的肩上，在人们的哭

---

[1] Statius, *Silvae*, 3.3.18–20.
[2] J. Rüpke, ed., *A Companion to Roman Religion*, John Wiley & Sons, 2011, p.116.
[3] 王忠孝:《论罗马共和国后期和帝国早期的贵族葬礼及其功能》, 硕士学位论文, 复旦大学, 2010年。
[4] Statius, *Thebaid*, 6.118–120.

号中前进"[1]。随着棺椁被安放在火葬的柴堆之上，俄斐尔忒斯的父亲开始哭号，他首先"用剑砍下自己的头发与胡须，盖在这可怜的孩子脸上"[2]，而后开始质问天神为何没能实现自己之前为孩子平安成长而立下的祈愿。悲伤的致辞结束后，"火把已经点燃了柴堆，火焰从最底下的一层开始燃烧"[3]。最后，"葬礼结束了。疲惫的穆尔塞伯（Mulciber）也渐渐熄灭，只剩灰烬。人们熄灭余焰，浇透柴堆，一直忙活到日落，筋疲力尽"[4]。《忒拜战记》第十二卷描写了忒拜城的暴君克吕昂为自己战死的儿子墨诺叩斯举行的葬礼。不同于平民俄斐尔忒斯的葬礼，墨诺叩斯"好战的火葬柴堆上堆满了战车、盾牌，以及希腊人（阿戈斯联军）的所有装备"[5]。而后，这位父亲竟然开始"屠杀被俘虏的皮发斯基人与战马献祭，以告慰这位战争中的勇士"[6]。这种残忍的行为显然并不符合罗马人对待死者的一视同仁的态度，因而必将受到正义的惩罚。

---

[1] Statius, *Thebaid*, 6.122–123.
[2] Statius, *Thebaid*, 6.195.
[3] Statius, *Thebaid*, 6.202–203.
[4] Statius, *Thebaid*, 6.234–237. 穆尔塞伯是火神伏尔甘（Vulcan）的别名。
[5] Statius, *Thebaid*, 12.117–118.
[6] Statius, *Thebaid*, 12.63.

斯塔提乌斯认为，通过合宜的葬礼，死者可以最终在阴间安息。"人们害怕得不到后人为其举行的葬礼甚于害怕死亡本身，因为能否得到安息与永久的幸福都系于此。"[1]诗人在描写格劳西阿斯（Glaucias）的葬礼后，如此安慰死者的养父："现在，就请你将恐惧撇在一旁，也不必害怕死神的威胁。地狱之犬不会朝他咆哮，也没有复仇女神用火焰和耸立的毒蛇惊吓他。"[2]由此可见，葬礼的一个重要功能就是向神明祈愿，以求他们保佑死者在另一个世界的生活。葬礼的效果绝非一劳永逸，在诗人看来，有人长久照顾的坟墓和祭坛才是幸福的："你的祭坛一定会经常呼吸到花的芬芳，你的幸福的骨灰坛也会饮遍亚述人的香水以及更伟大的贡品——泪水。"[3]定期向逝者的墓葬祭拜不仅是生者虔敬的表现，也是继续获得祖先和死者保佑的前提。

在战场上，及时收集战死者的遗骸，并为之献上应有的葬礼是战争结束后必不可少的工作之一。罹难的战士们必须通过及时安葬才可顺利到达另外一个世界。忒拜城的暴君克吕昂在战后禁止将阿戈斯联军的英雄们下

---

[1]［法］古朗士著，吴晓群译：《古代城市：希腊罗马宗教、法律及制度研究》（第二版），上海人民出版社2012年版，第42页。
[2] Statius, *Silvae*, 2.1.183–188.
[3] Statius, *Silvae*, 3.3.220–222.

葬，结果遭到雅典的英雄忒修斯的讨伐而惨死。忒修斯征伐克吕昂的最主要理由就是克吕昂拒绝为战死的阿戈斯英雄们安葬，这场战争也因此是正义的。[1]

（三）罗马的宴饮活动

在斯塔提乌斯的诗歌里，宴饮是一种特殊的习俗仪式，无论葬礼还是婚礼都会出现它的身影。区别于一般日常的进餐行为，宴饮更像是一种涵盖了社交、庆典、娱乐乃至宗教功能的综合性习俗仪式。宴饮的形式也远远不限于吃喝，还包括讲话、表演、辩论等一系列环节。宴饮的参与者往往需要经过邀请才能出席，并且需要遵守一整套细致的习俗规定。

在欧洲古典时代，宴饮是希腊、罗马人热衷的活动。它不仅是达官显宦的专属，也是罗马世俗生活的重要组成部分。在斯塔提乌斯生活的公元一世纪，随着罗马帝国的对外征服的持续，帝国的内部矛盾得到显著缓解，社会秩序渐渐安定下来。罗马迎来了历史上最为强盛和稳定的时期。西方人自豪地称这稳定、祥和的两个世纪为"罗马和平"（Pax Romana）。"罗马和平"的到来也带动了宴会文化的盛行。一方面，大量财富和物资涌入罗

---

[1] Statius, *Thebaid*, 12.

马社会，商业活动兴盛，公民们的物质生活水平不断提升，有足够的财力和物资支持举办宴会；[1]另一方面，社会的相对稳定让罗马公民们有充分的精力和时间举办大型活动，进一步将宴会传统发扬光大。

宴会在这一时代能够流行起来的另一个客观因素是罗马奴隶制的发展。依靠对外征服的不断胜利，源源不断输入的奴隶成为帝国时期罗马社会经济中不可缺少的生产工具。[2]到了罗马帝国初期，奴隶已经成为贵族家庭的标配，在宴会中承担着几乎所有服务与后勤工作。例如，罗马文豪小塞涅卡提到罗马有一条传统规定，即主人吃饭时要有一群奴隶侍立左右。[3]普鲁塔克说大型宴会上，每位宾客身边都侍立着一个奴隶。[4]斯塔提乌斯也提到，大量奴隶参与了阿戈斯国王招待两位王子的活动："一些（奴隶）将华美的紫色睡椅排成行，覆上柔顺的镶金刺绣，堆上精致的坐垫，一些擦拭餐桌，整齐排列。一些忙着挂起镀金灯笼，以驱散黑夜的阴郁，另一些则将野兽的鲜肉挂在烧烤架上炙烤，还

---

[1] [美]M.罗斯托夫采夫著，马雍、厉以宁译：《罗马帝国社会经济史》（上），商务印书馆1985年版，第101—104页。
[2] 杨共乐：《罗马史纲要》，东方出版社1994年版，第117页。
[3] Seneca the Younger, *Moral Letters*, 1.47.
[4] Plutarch, *Moralia*, 712 a.

有一些将现磨的面粉烤成面包，盛满一篮又一篮。阿德拉斯图斯欣喜地看着宫殿里忠实的仆人热火朝天地劳作。"可见，奴隶是支撑罗马宴饮习俗兴盛发达的重要力量。[1]

在罗马社会，大多数宴会由贵族举办。一场宴会持续的时间很长，通常从下午开始，直到深夜才能结束。斯塔提乌斯就记述了自己参加的一场由元首图密善亲自主办的宴会。他详细描述了用餐环境的豪华奢靡：

> 威严、宏伟、壮观的建筑，
> 不足一百根立柱，
> 能将众神和苍穹擎住，
> 除去阿特拉斯的肩头重负。
> 一旁的雷神宫殿对它致以敬畏的注目，
> 诸神恭贺您拥有天宫般的住处，
> 催促您把它提升到苍天的高度。
> 这座建筑如此堂皇，
> 它的殿堂伸向四方，
> 比起平原更为宽广，
> 它的屋檐拥抱上苍。

---

[1] Statius, *Thebaid*, 515–524.

> 主人的睿智充满殿堂,
> 整栋建筑都更显辉煌。
> 利比亚和特洛伊闪亮的石材,
> 还有赛伊尼和希俄斯的石料,
> 彼此相争,不分伯仲;
> 那来自卡利斯托斯的大理石,
> 灰绿的色泽可以与海水匹敌;
> 卢那的大理石于此相形见绌,
> 只好去撑起宫殿的台柱。
> 沿着这一视角,
> 极目向上远眺,
> 纵使目光感到疲劳,
> 宫殿的顶层也无法看到,
> 你会以为那是金色的天穹在闪耀。[1]

在元首的宴会上,斯塔提乌斯继续赞颂了各式各样珍贵、稀有的食材和尽心烹煮的菜肴。除了食物以外,贵族宴会的餐具也极其奢侈,不乏各种金银器皿。斯塔提乌斯接着写道:

---

[1] Statius, *Silvae*, 4.2.18–31.

在这里，

当恺撒摆下千桌盛宴，

邀请罗马的元老和骑士共享晚餐。

刻瑞斯亲自挽起长袍，

巴克斯忙得不可开交，

呈上甘冽的美酒和丰盛的佳肴，

特里普托勒摩斯（Triptolemus）慷慨地从空中洒下他的赠礼，

狄奥尼索斯让平原和山峦长满葡萄。

但是我实在没有空闲，

关注那满盘珍馐美馔，

那印度象牙支架上的橘木桌面，

那一排排的奴仆正在服侍进餐。[1]

可见，不光食材，罗马贵族们对于宴会场所的布置也十分讲究。他们在别墅中甚至专门设有为宴会活动而准备的房间，罗马人的正餐和欢宴都在其中举行。屋内设有三张彼此相接的桌子，并配有可以斜躺的床榻。这种陈设布局被称为特利克里尼乌姆（triclinium）。Triclinium源自希腊语τρικλίνιον。罗马人认为，斜倚能

---

[1] Statius, *Silvae*, 4.2.31–39.

够起到放松身体的作用。在这些房间中，座位的布置也体现了地位的差别：一般来说，中床肯定有较大的特权，肯定用来容纳尊贵的客人，而在远端的床则离中心很远。[1]

除了享用菜肴，酒宴（commissatio）也是罗马宴会上不可缺少的一环。罗马人对酒的喜爱已成为传统习俗的重要组成部分。他们日常主要喝的有啤酒、葡萄酒、蜂蜜酒等。在贵族的宴会上，通常会备有青铜的热水器或者茶壶，茶壶安有阀门，内部甚至还有放置木炭的空间，供冬天使用。[2]贵族宴会喝酒的方式不定，有时大家围成一个圈，每人一口气喝干酒杯中的酒，然后把它递给邻座。或者挑出一位客人，在为了他的名字中的每一个字母而举杯的同时为他祝酒。[3]

宴会也是奢侈生活的重灾区。随着罗马帝国经济的发展，饮食文化也愈加发达，而宴饮不仅是果腹的手段，

---

[1] Katherine M. D. Dunbabin, *The Roman Banquet: Images of Conviviality*, Cambridge University Press, 2003, p. 43. 同时参见 Carcopino J., *Daily Life in Ancient Rome*, Penguin Books, 1964, pp. 288–289。

[2] Adkins L., Adkins R. A., *Handbook to Life in Ancient Rome*, Facts on File, 1994, p. 381.

[3] [意]阿尔贝托·安杰拉著，董婵娟译：《古罗马一日游：日常生活、秘密和奇闻》，社会科学文献出版社2010年版，第288页。

更有社交意义。富人将大量精力投入宴饮活动，将之当作炫耀的平台，因此从餐厅到食材、从厨师到奴隶，宴会的各个细节都非常考究。琉善借他人之口批评有钱人"为一时之欢，给自己带来极大的麻烦"，还指出这些人购买的昂贵食材，在吃之前对他们没有什么益处，吃之后这些食物也没有因为格外昂贵而令他们更为舒服。琉善借尼格里努斯之口说出一个极具讽刺性的结论，即"吞咽昂贵食物的过程是愉快的"，而大费周章地烹制美食"只为了那四指宽的器官"。[1]尤维纳利斯在《讽刺诗》中将盛宴描绘成席卷整个罗马的"疾病"，元老的餐桌上摆放着"提布尔（Tiburtino）农场出产的肥硕小山羊的肉质最为鲜嫩，体内的奶汁比血还多；储藏半年之久的葡萄还和挂在枝头上的葡萄一样新鲜；另外还有来自西格尼亚（Signinum）和叙利亚的梨子，篮子里还盛着香甜的苹果"[2]；富裕平民在盛宴上给自己准备了百年陈酿、黄金镶玉的酒杯、身价上千的黑人男仆、令人目眩的雕花工艺、百闻一见的珍贵食材。没落贵族为吃上丰盛大餐，不惜辱没家族名望，变卖家产甚至沦为富裕平民的

---

[1] Lucian, *The Carousal（or The Lapiths）*, *Nigrinus*.
[2] Juvenalis, *Satirae*, 11.65–76.

附庸。[1]

就连一些崇尚简朴和高雅宴会的贵族，罗列的"简餐"食谱也是花样纷呈，更遑论奢靡宴会的奇珍食谱："每人一份莴苣、三份蜗牛、两个鸡蛋，加上小麦蛋糕、用雪冷藏的蜂蜜酒（你会觉得这实在是奢侈，还能看着雪在盘子中融化），还有橄榄、甜菜根、小黄瓜、洋葱和各种美味佳肴。你还能听到喜剧演出、诗歌朗诵或是歌唱表演，如果我善心大发会全都安排。"[2]根据公元二世纪至三世纪的宴饮杂记和烹饪著作《智者盛宴》记载，罗马人在宴会方面的奢侈不仅体现在令人咋舌的丰富与稀有，而且规模巨大、花销昂贵，很多时候甚至是统治阶层树立起坏榜样，一顿饭就花去许多权贵一年的收入。[3]

---

[1] "一位富豪只有在宽大的餐桌面上放上张着大口、造型活泼的象牙雕刻的猎豹才能愉快地进餐——他的比目鱼和鹿肉难以下咽，油膏和玫瑰花似乎散发着腐臭"，参见Juvenalis, *Satirae*, 9.120-125, 3.108, 5（《被保护人的娱乐活动》）等。佩特罗尼乌斯（Petronius）于公元一世纪创作的现实主义讽刺小说《萨蒂利孔》(*Satyricon*)就取材自当时社会的真实场景，通过戏谑的文字再现了当时的奢侈宴会：主人特利马尔基奥是一个富有的被释奴，他所邀请的宾客大部分也是被释奴，他们基本就是世俗之徒、愚昧无知、趣味低下的代名词，而主人特利马尔基奥更是不学无术、附庸风雅。

[2] Pliny the Younger, *Letters*, 1.15.

[3] 李艳辉：《"罗马和平"时期宴会研究》，第三章第一节"奢侈的极致"，博士学位论文，北京师范大学，2010年。

面对这股盛宴浪潮,许多富裕平民也纷纷效仿,生怕宴会规格低了配不上身价,落后于时代潮流。"在别处建起宴会大厅,矗立着高耸的努米底亚(Numidarum)大理石廊柱,以便迎接冬日的阳光。"许多家道中落的贵族也会打肿脸充胖子,不惜一切代价在餐桌上炫耀:"他们的情况越糟糕——虽然家宅破败,满墙都是裂缝——吃的就越奢华讲究。他们还在全面搜集新的食材,昂贵的费用阻挡不了他们满足食欲的步伐。"[1]

根据学者们的考证,罗马的宴会上决不只有美味珍馐,或是纵乐狂欢的奢华享乐,宴会及其引申出的宴饮活动也是精英们的社交舞台。与《萨蒂利孔》中描述的奢华宴会不同,[2] 精英们参加的宴会邀请的宾客常常非富即贵。席间经常出现戏剧表演、诵读诗文、哲学辩论等文雅活动,[3] 供精英们在饮酒之余交流感情、碰撞思想。罗马人会饮(Symposium)上所谈论的话题非常广泛,包括名人逸事、自然科学、风俗传统、神话传

---

[1] Juvenal, *Satirae*, 7.181-185, 11.10-15.
[2] 详见Petronius, *Satyricon*, 28-79。
[3] 戏剧表演:Pliny the Younger, *Letters*, 3.19,《阿提卡之夜》13.2;诵读诗文:Pliny the Younger, *Letters*, 1.15; Gellius, *Attic Nights*, 2.22;哲学辩论:Gellius, *Attic Nights*, 7.13。同时参见[法]卡特琳娜·萨雷丝著,张平、韩梅译:《古罗马人的阅读》,广西师范大学出版社2005年版,第70页。

说、语法辞源、哲学诡辩等平民大众较少关注的文化议题。[1] 普鲁塔克也认为，会饮是哲学家们探讨学术问题、追索思想真理的好机会，他特意创作了《席间闲谈》（συμποσιακός），描述自己理想中的哲学家宴饮图景。[2] 同时，宴会给了精英们巩固或修复友谊的机会。根据革利乌斯的记载，两位显赫的元老——提比略·格拉古和大普布利乌斯·阿非利加努斯因为公务产生了分歧。后来，正是在元老院主办的朱庇特节宴会上，他们重归于好，双方的家族还建立了姻亲关系。[3] 由此可见，罗马人特别是上层社会的宴会也是展现个人社交圈子的场合。或许正是因为宴会上的文化活动符合精英们的审美与品位标准，并有助于展现他们自身优越的社会地位，虽然小普林尼和弗隆托等人也强调宴会规模的适度，[4] 并反对铺张浪费，但他们总体上没有像琉善、尤维纳利斯等精

---

[1] 李艳辉：《"罗马和平"时期宴会研究》，博士学位论文，北京师范大学，2010年，第70—73页。
[2] Frieda Klotz, Katerina Oikonomopoulou, eds., *The Philosopher's Banquet: Plutarch's Table Talk in the Intellectual Culture of the Roman Empire*, Oxford University Press, 2011.
[3] Gellius, *Attic Nights*, 12.8.
[4] 小普林尼强调，宴会的规模与花费需要节制，不应铺张浪费，参见 Pliny the Younger, *Letters*, 3.12。弗隆托也认为，好的宴会重点在参加者的数量，而不是席间的酒水和餐食的数量。Fronto, *Epist. Grace.* 5.

英那样把所有宴会都当作罗马社会风气腐化堕落的象征进行批判。

二、罗马的信仰仪式

与现代意义上的宗教信仰不同，罗马人的多神信仰没有整套的正统经典和严密的教义，却集合了多样的仪式和繁复的程序。如沙伊德所言，"罗马宗教建立在仪式之上，而不是教义之上"[1]。古朗士也认为"教义不被他们所重视，行为才是最重要的，这也是义务，且对人有约束作用"[2]。正因为缺少系统的理论，因而在罗马也没有正规的宗教和神学理论教育。幼儿靠参加日常的仪式等实践活动学习并继承相关的信仰习俗。[3]因此，仪式

---

[1] John Scheid, Janet Lloyd (trans.), *An Introduction to Roman Religion*, Indiana University Press, 2003, p.173.

[2] [法]古朗士著，吴晓群译：《古代城市：希腊罗马宗教、法律及制度研究》(第二版)，上海人民出版社2012年版，第196页。

[3] Statius, *Silvae*, 5.3.178–184中斯塔提乌斯提到了自己的父亲曾讲授如何成为大祭司（Pontifex Maximus），但是这种教育是发生在大希腊文化圈内的那不勒斯，而不是罗马。此外这段记载也是目前为止古典文献中唯一的相关资料，无法形成有效的交叉对证。参见J. Rüpke, *The Religion of the Romans*. Polity, 2007. p.11。

对于罗马信仰文化的传承与发展意义重大。"这些实践性知识在无数次的家庭和城邦庆典中被逐渐灌输，公民们在承认之前不断地忍耐着或享受着这些仪式。"[1]各种仪式既可以证明神明的存在，也可以表达参与者的虔诚。在罗马的多神崇拜的信仰习俗中，行为才是关键，而不是信仰本身。甚至可以说，仪式就是罗马信仰习俗中的核心元素。[2]

长期以来，对罗马信仰仪式研究的重点在于探索其起源，并借用人类学等其他学科的方法讨论不同仪式的"具体内涵"[3]。但这种研究方法带有明显不足，很容易导

---

[1] D. Feeney, *Literature and Religion at Rome：Cultures, Contexts, and Beliefs*, Cambridge University Press, 1998, p.138.中文版见［美］丹尼斯·费尼著，李雪菲、方凯成译，吴飞审校：《罗马的文学与宗教：文化、语境和信仰》，北京大学出版社2015年版，第172页。

[2] D. Feeney, *Literature and Religion at Rome：Cultures, Contexts, and Beliefs*, Cambridge University Press, 1998, p.87.中文版见［美］丹尼斯·费尼著，李雪菲、方凯成译，吴飞审校：《罗马的文学与宗教：文化、语境和信仰》，北京大学出版社2015年版，第110页。

[3] D. Feeney, *Literature and religion at Rome：Cultures, Contexts, and Beliefs*, Cambridge University Press, 1998, pp.115-117.中文版见［美］丹尼斯·费尼著，李雪菲、方凯成译，吴飞审校：《罗马的文学与宗教：文化、语境和信仰》，北京大学出版社2015年版，第144—146页。James B. Rives, "Graeco-Roman Religion in the Roman Empire：Old Assumptions and New Approaches", *Currents in Biblical Research* 8.2, 2010, pp.240-299.

致对某一现象的过度解读。一方面，因为随着罗马社会形态的不断变化，仪式本身的含义也在随之发生改变，因而追溯仪式的起源并不等同于理解仪式的具体意义。例如，奥古斯都就充分利用了节庆中的共和元素，将罗马古老的宗教节日转变成增强自身统治的工具。另一方面，由于"宗教""仪式"等均是现代概念，古代罗马社会中本就不存在"宗教仪式"这一预设的主题，以供作家们按照现代理论去系统地阐释"仪式"的深层价值。"一个诗人肯定不会关心怎样准确地阐发献祭的意义，而是关心将其置于一种不同的意义系统中发挥作用。"[1]因此，"寻求起源的做法剥离了仪式的文化语境。正是文化语境使仪式意义重大成为可能"[2]。同时，罗马人有个人认知和表达信仰的权利，无须借助特别的机构或人员代

---

[1] D. Feeney, *Literature and Religion at Rome：Cultures, Contexts, and Beliefs*, Cambridge University Press, 1998, p118.中文版见[美]丹尼斯·费尼著，李雪菲、方凯成译，吴飞审校：《罗马的文学与宗教：文化、语境和信仰》，北京大学出版社2015年版，第148页。

[2] D. Feeney, *Literature and Religion at Rome：Cultures, Contexts, and Beliefs*, Cambridge University Press, 1998, p.119.中文版见[美]丹尼斯·费尼著，李雪菲、方凯成译，吴飞审校：《罗马的文学与宗教：文化、语境和信仰》，北京大学出版社2015年版，第148页。

理。[1] 所以，必须将仪式放到具体语境和文本中去解读，才有可能深入作者有意或无意展露的信仰实践。

总的来说，罗马主要的信仰仪式可分为祈祷、占卜和祭祀等不同形式。下文拟就这几类仪式分别展开论述。

（一）祈祷仪式

祈祷是最普遍、最基本的罗马传统信仰仪式。根据沙伊德的定义："祈祷是一种有关祈愿、感谢、保证等的表演性仪式，建立在一种已经被神明接受的契约之上。"[2] 所有的宗教仪式几乎都包括祈祷这一环节。老普林尼在《自然史》中就提到："如果一场祭祀没有祈祷，那么就是无用的，也不是一种咨询神意的合适方法。"[3] 罗马史家瓦勒里乌斯·马克西姆斯（Valerius Maximus）也指出："遵循古老的传统，一个人在将某事委托神明保护之时必须利用一段陈请的祈祷词，当恳求某事时一定

---

[1] 但是这决不意味着罗马的宗教随意地解释和质疑宗教。或许罗马的唯一的宗教教义就是每个人都有义务遵守并观看宗教仪式。个人的自由指自己认知神明、宗教乃至整个世界的自由。见 John Scheid, Janet Lloyd (trans.), *An Introduction to Roman Religion*, Indiana University Press, 2003, p.18。

[2] J. Rüpke, ed., *A Companion to Roman Religion*, John Wiley & Sons, 2011, p.237.

[3] Pliny the Elder, *Naturalis Historia*, 28.10.

要有起誓伴随，如果起誓获得了满足，那么还要做一次感谢的祈祷，在占卜神意的时候也需要有请询。"[1]斯塔提乌斯描写了大量有关祈祷的场景，虽然根据具体情境不同，祈祷的内容也不尽相同，但其中仍包含一整套相对模式化的流程和用语。

在《诗草集》中，诗人多次为自己的亲朋好友、保护人、元首以及整个罗马国家向众神祈愿。他期盼健康与安全，祈求成功和繁荣，贯穿公私生活，无论战争与和平。几乎没有任何一项社会活动缺少祈祷的陪伴。当然，所有祈祷都要按照一定的语言程式进行。一旦说出口，祈祷就将是神圣且不可更改的，如果说错了就必须从头再来，甚至会闯下大祸。[2]同样，在战场上，罗马的军队不仅向己方的神明奉上各种祈祷，也积极策动敌方的保护神倒戈。在接收到吉兆后，指挥官一定要及时向麾下的将士们传达众神对本方的支持与善意。[3]

---

[1] Valerius Maximus，1.1.1.
[2] 古朗士指出，祈祷的文本都是传自祖先，并被证明是有效的，不必做任何传信和更改。否则，祷词将失去效力。[法]古朗士著，吴晓群译：《古代城市：希腊罗马宗教、法律及制度研究》（第二版），上海人民出版社2012年版，第197、198页。
[3] 例如，在《忒拜战记》第十卷中，阿戈斯的占卜家Thiodams接到朱诺的激励，准备趁夜偷袭忒拜军队的营地。他向众将士传达："现在，天赐的预兆揭示了一个多事之夜，适宜宏伟的计谋。勇猛遇见并召唤我们，机遇女神需要我们的双手。"（180-183）

步骤上，首先祈祷者要朝向神明居住的地方。《忒拜战记》中，俄狄浦斯在向地府中的复仇女神祈祷时，"一边用满是血污的双手不停地敲打凹陷的土地，一边用可怕的语调开始祈祷"[1]。如果是天上的神灵则需要双手朝天，如诗中阿德拉斯图斯"伸手指向群星"，向夜神祈祷。[2] 类似的是《喀提林阴谋》中的罗马妇女在焦虑中"向天空伸出了恳求的双手，为他们的小孩的命运而悲叹"[3]。接着，祈祷者要用各种修饰语指明自己祈祷的对象。俄狄浦斯喊道："统治地狱（Tartarus）的邪灵、支配罪恶灵魂的神啊，请你们回应我！复仇女神底西福涅（Tisiphone），我再三向您祈祷，就请快快点头，保佑我扭曲的欲望吧！"[4] 而后，祈祷者要表明自己祈求的内容或希望达成的效果，可以是某个具体的愿望（帮我的孩子快快康复），或者仅仅是善意的期盼（请为我们降好运）。在这里，俄狄浦斯恳求女神在他的两个儿子中间降下不和，让他们自相残杀。[5] 在祈祷仪式结尾处，有时

---

[1] Statius, *Thebaid*, 1.54–56.
[2] Statius, *Thebaid*, 1.498–501.
[3] [古罗马]撒路斯提乌斯著，王以铸、崔妙因译：《喀提林阴谋·朱古达战争》，商务印书馆2009年版，第136页。
[4] Statius, *Thebaid*, 1.56–58.
[5] Statius, *Thebaid*, 1.82–87.

需要说明会怎样报答神意的眷顾，通常都是关于未来将献上各种祭品的许诺。例如，在《忒拜战记》中，阿戈斯联军的指挥官阿德拉斯图斯在遭遇干旱时承诺森林女神，如果天神能缓解他们的口渴，就会"用底比斯人和他们的鲜血设立祭坛，以纪念这片树林"[1]。祈祷词中包含很多冗长的同义词句和重复表达。祈祷者通过不断高呼神明的名字，重复叙述他们的功绩，以此来赞颂神力的伟大。这是文学修辞法的一种，但罗马人确实相信烦冗的祷词可以增加祈祷的效力和说服力。[2]

（二）占卜仪式

如果凡人想要获得更为丰厚的福利，把握更精确的时运，就必须提前对神意有更准确且深入的理解。占卜本质上也是一种祈求神谕与朕兆的祈祷，通过"显露的征兆和迹象来解释神意和天神的不同态度"[3]，并以此为个人和国家的行为决策提供重要依据。吕普克总结道："毫无疑问，祭祀牺牲和占卜释兆是所有重要事件开始之

---

[1] Statius, *Thebaid*, 4.770–771.

[2] J. Rüpke, ed., *A Companion to Roman Religion*, John Wiley & Sons, 2011, p.240.

[3] J. Rüpke, ed., *A Companion to Roman Religion*, John Wiley & Sons, 2011, p.336.

前的必备程序。"[1]

学界对于罗马占卜仪式的源起还存在争论，但如果依据许多古典作家的记载，占卜仪式最早源自埃特鲁里亚人，[2]最晚大约在公元前五世纪就已被罗马人应用，进而演变成一种被广泛接受和实践的习俗[3]。与古代希腊问询掌管神谕的祭司以洞悉天意的方法不同，罗马人主要由检测牺牲内脏的脏卜官（haruspeices），[4]或通过飞鸟占卜的占鸟官（augur）等执行对神意的解释以及对未来的预测。此外，《忒拜战记》中还有通过托梦以揭示神意的形式。[5]以上的占兆行为被斯塔提乌斯潜移默化地带入

---

[1] J. Rüpke, ed., *A Companion to Roman Religion*, John Wiley & Sons, 2011, p.45.

[2] J. Rüpke, ed., *A Companion to Roman Religion*, John Wiley & Sons, 2011, p.336. Mary Beard, John North, and Simon R.F. Price, eds., *Religions of Rome: Volume 1, A History*, Cambridge University Press, 1998, pp.12-20. 西塞罗在《论占卜》中也认为：罗马的占卜术是从埃特鲁里亚人那里借来的。(*De Divinatione*, 1.2)

[3] Livy, *Ab Urbe Condita Libri*, 5.15里记载，约在公元前五世纪，罗马人从埃特鲁里亚人那里绑架了一位脏卜师（haruspex）。在公元前304年，执政官Decius和Manlius也曾在萨谟奈战争中咨询牺牲内脏中显露的预兆。(Livy, *Ab Urbe Condita Libri*, 8.9.1)

[4] 例如，老普林尼《自然史》11.186中描写了一段占卜内脏的仪式。

[5] Statius, *Thebaid*, 3.579-645.

了字里行间。

史诗中对于各种占卜仪式着墨颇多，主要目的是为了了解神明是否愿意就某件具体的事项助力凡人，并以此来评估神人关系的亲疏。神灵会传达各种信号，或为人们指明路径，或阻止计划进一步施行。例如，新婚的阿尔吉娅告诉自己的丈夫波吕尼刻斯："先知在警告我。空中的飞鸟、祭祀的内脏都显露出众神的恐吓。深夜中还有令人烦扰的画面。啊，记忆里从未欺骗过我的朱诺也化身为幽灵（perumbras）前来（托梦）。"[1] 鸟占师提瑞西阿斯（Tiresias）预言了忒拜的胜利："在此，我预言（auguror）忒拜在战争中更有利。"[2] 同书第三卷中生动地再现了一场占卜仪式："预言家们通过牲畜的鲜血与内脏求问神意：稍有瑕疵的羊心、不祥的血管都是昭示灾难（的凶兆），谨慎的预言家决不会使用。他们决定去观测天空中的朕兆。"[3] 之后，几位占鸟官登上一座高山，"首先，由欧克勒乌斯（Oecleus）之子安菲阿拉奥斯（Amphiaraus）祈祷，祈求天神的庇护：'全能的朱庇特，通过您的教导，我们知道，您将智慧授予敏捷的双翅，将未来的事赋予飞鸟，还揭露天国的征兆和隐秘的

---

[1] Statius, *Thebaid*, 2.349–353.

[2] Statius, *Thebaid*, 4.592.

[3] Statius, *Thebaid*, 3.456–459.

因由'"[1]。祈祷过后,"占卜家恰当地分配群星,聚精会神地凝视天空,并迅速扫视一番"[2]。通过祭司们的对话,我们了解到他们主要观察的是飞鸟在天空中的行迹以及不同鸟群间的互动,以此当作晦涩的预兆来解释天意。文中共出现了七只飞鸟,分别预示了七位远征忒拜的英雄的命运——它们纷纷陨落天际,唯有一只最终幸存。[3]不可否认,这段描写为了符合史诗传统与情节设置而有夸张的成分,但我们从中也能感受到斯塔提乌斯笔下的人物笃信预兆(omen)是对未来的映射,凡人一定要通过占兆官问询神意后才敢做出最终决定。

由于占卜在决策中起着重要作用,因此祭司解出的各种信息会直接影响罗马人对于特定事件的决断。如果没有获得吉利的回应,行动就会被推迟甚至取消(当然也可以选择不断重复占卜,直至获得上天有利的回应)。根据西塞罗的说法,大自然显示的预兆都是准确无误的,如果占卜的结果与事实有出入,一定是因为占兆者的错

---

[1] Statius, *Thebaid*, 3.470–475.
[2] Statius, *Thebaid*, 3.499.
[3] 根据文中的顺序,首先预兆的是卡帕纽斯,接着依次是帕耳忒诺派俄斯(Parthenopaeus)、波吕尼刻斯、阿德拉斯图斯、希波墨冬(Hippomedon)、提丢斯。预兆出现的先后也与最终几位勇士牺牲的次序相吻合。安菲阿拉奥斯最后看见了自己的命运,他是唯一最后幸存的远征勇士。

误解读。[1]假如有人胆敢蔑视占卜的结果，对占卜师不尊重，那么一定会受到上天严厉的惩罚。《忒拜战记》中的卡帕纽斯就曾满不在乎地对祭司说："你（安菲阿拉奥斯）把疯狂的占兆留给自己吧。你的生活毫无光彩，空虚且无意义。"[2]最终，卡帕纽斯因为鲁莽地挑战天神，被朱庇特的天火吞噬，命丧战场，完全应验了之前鸟占得出的结果。[3]从这个例子中我们可以略窥斯塔提乌斯时代的罗马人对神意的畏惧以及对占卜效力的深信不疑。

凡人与神明的互惠是罗马信仰仪式的核心概念。[4]如上文所述，祈祷与占卜一般都会与其他仪式联动进行，往往还会献上各种贡品用于换取神明的偏爱。这种敬献礼物的行为被称为祭祀。

（三）祭祀仪式

仪式是信仰习俗的核心，而祭祀则是仪式的核心。[5]

---

[1] Cicero, *De Divinatione*, 1.37–71.

[2] Statius, *Thebaid*, 3.648–649.

[3] 卡帕纽斯之死见 Statius, *Thebaid*, 10.930–937。有关此人的预兆："一只鸟展翅高飞，被太阳的火焰吞噬，骄傲不再。"Statius, *Thebaid*, 3.530.

[4] J. Rüpke, ed., *A Companion to Roman Religion*, 2011, pp.242–243.

[5] James B. Rives, *Religion in the Roman Empire*. Wiley-Blackwell, 2006, p.28.

祭祀仪式上的献祭证实人们相信众神的存在，承认他们的神圣地位，同时也表明神明乐意与凡人共享祭祀的贡品。拉丁语中sacrificium意指"一种在公开的场合下，在相关团体的见证下举行的复杂仪式"[1]。史诗中，人们在重大事件发生之前或收到吉兆后都会向神祇献祭。例如，军队启程的吉日，忒拜大军"浩浩荡荡的一队牺牲也已照例献祭给马尔斯与朱庇特"[2]。弗拉维王朝时期的另一部史诗《阿尔戈英雄纪》(*Argonautica*)中也保留了一段伊阿宋（Jason）等勇士们在驾船出征之前由祭司带领向神明祭祀的场景。[3]在《忒拜战记》第五卷中，利姆诺斯岛的男人们平安地从海上归家后做的第一件事就是"点燃香火，弥漫整座高大的神殿。接着，拖来之前许诺好的牺牲"[4]。

《忒拜战记》和《诗草集》中有许多向神明祭祀的仪式的篇章，笔者在此试图根据这部分材料梳理斯塔提乌斯笔下祭祀活动的基本元素与程式。

---

[1] John Scheid, Janet Lloyd (trans.), *An Introduction to Roman Religion*, Indiana University Press, 2003, p.79. 魏明德、吴雅凌编著:《古罗马宗教读本》，商务印书馆2012年版，第58页。
[2] Statius, *Thebaid*, 4.14–15.
[3] Valerius Flaccus, *Argonautica*, 1.188–203.
[4] Statius, *Thebaid*, 5.174–176.

总的来说，祭祀一般选择在开阔的地方进行，最好是在宗教建筑中或是挨近某种圣物的地点。例如，阿德拉斯图斯将波吕尼刻斯和提丢斯引入王宫的内廷向夜神祭祀，那里"灰色的祭坛上火苗渐熄于灰烬，但祭酒的鲜血依然温热"[1]。忒拜城的先知泰利西厄斯（Tiresias）选择在一棵神圣的大树下设立祭坛，为阴间的神明们献上牺牲。[2] 祭祀是集体活动，决不可由个人擅自进行，只有那些拥有宗教权力的人，比如国王或者祭司首领，才有资格主持祭祀。[3] 在《忒拜战记》中，为哀悼俄斐尔忒斯而举办的运动会结束后，是由阿戈斯联军的首领"当着众人的面祈祷，每位勇士也如此复述"[4]。在同书第二卷中，绝望的阿尔吉娅去找自己的父亲，阿戈斯国王

---

[1] Statius, *Thebaid*, 1.503.
[2] Statius, *Thebaid*, 4.414–420. 树在古代神话中是神圣的象征。例如，《诗草集》第二卷第三首歌颂了阿忒乌斯·梅利奥（Atedius Melior）家的树林，认为它与神明的上古之火一同存在于世间（2.3.53–54）。老普林尼也认为："树木以前可以作为神庙。依照古代的仪式，在淳朴的乡下，如今依然尊奉任何高耸的树木为神明。"（*Naturalis Historia* 12.3）这也就不难理解为何要在一棵大树底下上演祭祀仪式。参见 J. Rüpke, ed., *The Religion of the Romans*, Polity, 2007, pp.90–91。
[3] J. Rüpke, ed., *A Companion to Roman Religion*, John Wiley & Sons, 2011, p.263.
[4] Statius, *Thebaid*, 7.104.

阿德拉斯图斯希望她请求神意，尽快远征忒拜。她祈求道："只有您才能帮我，只有您至高无上的权力才能治愈我。"[1]由于阿德拉斯图斯既是一家之长，也是一国之王，因此他最有资格向天神祭祀，解释天兆。[2]

在仪式正式开始前，祭司们需要清洁身体和祭祀场所，同时换上特殊的服装。忒拜城的盲人先知泰利西厄斯在自己的女儿、贞女曼托（Manto）的帮助下完成了一场献祭仪式。[3]他们先"用切碎的羊杂、刺鼻的硫黄、新鲜的草药以及冗长的咒文以净化周遭"[4]。祭祀上所用的牺牲一般是家畜，也可以是其他对献祭者而言非常重要的物品。《诗草集》中图密善的一位被释奴——艾利奴斯（Earinus）就把自己的一缕头发、一面镜子以及一只珠宝装饰的盒子一起供奉给了帕加蒙城（Pagamus）的阿斯克勒庇俄斯神庙。[5]家畜的性别要与神明的属性对

---

[1] Statius, *Thebaid*, 3.695-696.
[2] [法]古朗士著，吴晓群译：《古代城市：希腊罗马宗教、法律及制度研究》（第二版），上海人民出版社2012年版，第202页。
[3] 在塞涅卡的悲剧《俄狄浦斯》中也保留了二人祭祀的场景，不过稍有不同。悲剧中泰利西厄斯首先示范曼托如何进行祭祀。（Seneca, *Oedipus*, 293-350）
[4] Statius, *Thebaid*, 4.410-411.
[5] Statius, *Silvae*, 3.4.6-7.

应，献给天神的牺牲要是白色的，给阴间神明的为黑色。牺牲上还要装饰各种彩带。由于是为冥界之王献祭，并召唤阴间的各种魂魄，因而"年迈的先知吩咐，把黑色的绵羊、公牛以及最上乘的牲畜拴在自己面前，并在它们的尖角上戴上黑色的花环"[1]。同样，阿德拉斯图斯在向夜神进行祭祀时也宣称"只有甄选的黑色牲畜才能报答您之前的奉献"[2]。真正的祭祀仪式一定要在祭坛上进行。[3]祭坛的基本功能是焚烧牺牲，但常常指代整套祭祀仪式。祭坛可以独立于神庙等宗教场所而存在，临时建在空地上。[4]在《忒拜战记》中，阿戈斯原来的祭司去世后，新任祭司斯欧萨马斯（Thiosamas）上任之初必须向大地女神献祭。所以"他立即下令建造一对祭坛，并覆盖上生机勃勃的树木与长势良好的草皮，再点缀无数鲜花——她的礼物，以敬献女神，又堆满水果以及丰年

---

[1] Statius, *Thebaid*, 4.425.

[2] Statius, *Thebaid*, 1.508-509.

[3] 忒拜人为赫卡特（Hecate）和阿刻戎（Acheron，即冥河）的女儿们立起三堆祭火。还有献给地狱之主（Lord of Avernus）的一座较小的松木柴堆。

[4] Virgil, *Aeneid*, 12.118; Horace, *Odes*, 3.8.1; Ovid, *Fasti*, 2.645. 有关祭坛的位置见J. Rüpke, ed., *The Religion of the Romans*, Polity, 2007, p.141。

里的每样奇异之物"[1]。

献祭仪式以祭酒为正式开始的标志。祭酒最常见的是用葡萄酒，但是也可以用牛奶、油、蜂蜜或仅用清水。在《忒拜战记》中，祭司泰利西厄斯"将巴克斯的琼浆滴入九处坑地，又为地下的幽灵献出春分时节的牛奶、阿提卡的雨露以及鲜血，一直浇灌到大地不再贪饮"[2]。同样，阿戈斯的祭司斯欧萨马斯也"在祭坛的火炉上洒上未经触碰的牛奶，开始献祭"[3]。祭酒之后，祭司们要在牺牲的背部撒上混有盐的谷粉（mola salsa），并在祭品的额头上涂抹一点酒，接着在后背上划几刀，最后用割喉的方式杀死它们。史诗中的情节也大体遵循这种程式："现在，所有牺牲都已被击倒，并用刀剑在它们的头颅上做出记号，并撒上谷粉。"[4] 在将牺牲投入祭火前，还要检查内脏的情况，一切完好才意味着这份献祭会被神明接收。如果内脏有瑕疵，这次献祭就只能被视为无效。在一切妥当之后，"贞女曼托接过自己的德高望重的父亲递过来的鲜活内脏，依次绕各个柴堆走三圈后，立

---

[1] Statius, *Thebaid*, 8.298-302.
[2] Statius, *Thebaid*, 4.452-454.
[3] Statius, *Thebaid*, 8.302-303.
[4] Statius, *Thebaid*, 4.461-462.

刻将燃烧的火把置于黑漆的残叶之上"[1]。随着牺牲在火中燃烧，祭司们还需不断向神明祈祷。阿德拉斯图斯在这时高喊："仁慈的夜，您给我的经历解答了我长久以来的困惑与疑虑，也揭示了命运的亘古之意……哦，女神啊！这间宫殿年复一年为您祭祀。就让伏尔甘的烈火吞噬去邪的内脏。万岁，德尔斐的神谕，古老的真理！万岁，幽暗的神谕所！"[2]

祭祀结束后是聚餐时间。所有参与祭祀的人都会聚在一起，分食刚刚献祭的牺牲及其他佳肴。这种共餐仪式从荷马的年代起就一直存在。[3] 在斯塔提乌斯的作品中，阿德拉斯图斯在向夜神祭祀完毕后便"吩咐重燃炉火，重开筵席。一时间，仆人们接令后迅速四散忙开，整座王宫又喧闹起来"[4]。在酒过三巡、菜过五味后，阿德拉斯图斯又令"仆人递过雕满塑像的黄金酒杯……将杯中的葡萄酒一洒而尽，依次向天神祈祷，特别是向太阳神福玻斯请愿。宾朋、随从甚至奴隶们都戴上纯洁的花环，用赞美祈求太阳神能在祭坛上现身。这是为他欢庆的一天。为了庆祝阿波罗的圣日，重燃的火焰光辉耀

---

[1] Statius, *Thebaid*, 4.466–467.
[2] Statius, *Thebaid*, 1.498–509.
[3] Homer, *Odyssey*, 3.420–430.
[4] Statius, *Thebaid*, 1.516–530.

眼，奢侈的焚香烟雾升腾"[1]。为何在祭祀后会有这种公餐仪式？沙伊德认为，罗马人心目中的祭祀就是与众神一起分享，因此，祭祀的贡品也需神明与凡人一同分食。"这既表示前者的至高无上，也表现后者的虔诚谦恭。"[2]古朗士则将这种共餐活动算作"宗教行为中一种最初的形式"，是维护社会纽带的重要方式。在此时"人类的团体是一种宗教团体，其象征就是集体公食"[3]。

总之，全套的祭祀仪式给了罗马人与众神交流的机会。在与神明的沟通中，人们可以向神明祈愿，可以表达感谢之情，甚至可以为自己之前的错误行为而忏悔。罗马的许多宗教节庆活动中自然也包含祭祀与公餐仪式。在斯塔提乌斯笔下的萨图恩节上，在向天神献祭后，由元首出钱，"所有人：儿童、妇女、平民、骑士、元老，齐聚一张桌席。富有的主人（图密善）需要招待的人数

---

[1] Statius, *Thebaid*, 1.541–543.
[2] John Scheid, Janet Lloyd (trans.), *An Introduction to Roman Religion*, Indiana University Press, 2003, p.93. 吕普克也支持这种说法，他认为牺牲先被祭祀，然后再由人分食，并且，牺牲中最重要的内脏部分要单独献给神明，这就意味着神在人之前，神比人要高级。见 J. Rüpke, *The Religion of the Romans*, Polity, 2007, p.145。
[3] [法]古朗士著，吴晓群译：《古代城市：希腊罗马宗教、法律及制度研究》（第二版），上海人民出版社2012年版，第188页。

太多，粮食运送系统（Annona）从未经历过"[1]。

当然，本文只能展示斯塔提乌斯作品中有关献祭最基本的结构和元素。现实中的罗马信仰仪式千变万化、灵活多样。但无论步骤多么复杂，献祭的本质还是凡人与神的互惠。在《诗草集》中，赫拉克勒斯就曾经这样询问祭祀他的人："我现在要给予你何种的奖赏？你将怎样回敬谢意？"[2]献祭仪式看起来就像一份凡人与神祇间的合同，凡人为神明献上某些礼物，神祇也要赐赠凡人各类好处。总的来说，"人们追求的是一种长期的互助关系，而不是一次性的往来关系"[3]。祭祀者祈求的大多不是与贡品相同的回报，而是期盼丰收、好运等长期福祉。

三、小结

结合本章对斯塔提乌斯作品中罗马习俗仪式的分类展示，我们可以得出这样的结论：罗马的习俗不仅是一

---

[1] Statius, *Silvae*, 1.6.35–38.萨图恩节庆祝仪式参见Mary Beard, John North, and S. R. F. Price, *Religions of Rome：Volume 2, A Sourcebook*, Cambridge University Press, 1998, pp.124–127。

[2] Statius, *Silvae*, 3.1.170–171.

[3] J. Rüpke, *The Religion of the Romans*, Polity, 2007, p.102.

套思想观念的注释汇编,更是一整套仪式的操作规范。在罗马人看来,对"祖宗之法"不能仅仅是存在于心中美好的期盼,一定要落实到行动中才有切实的效力。祭祀、祈祷、婚丧嫁娶等仪式活动构成罗马习俗的核心,也是罗马日常信仰的实践基础。对仪式的重视、对神意的虔诚贯穿罗马人的一生。正如古朗士总结的那样:"宗教对于古人而言意味着仪式、节庆和种种外在的祭祀行为。"[1]罗马的繁盛需要神明和凡人共同参与,而习俗仪式恰好能在联系人神、沟通天地中扮演不可替代的作用。同其他罗马人一样,诗人非常重视此时此地的现实世界,信奉"*do ut des*"(我给,你或许就会还)的理念。"当虔诚的行人碰巧经过一片神圣的树林或一场仪式,他们一般都会做一次祈祷或献一些水果,抑或在此坐上一会儿。"[2]受斯多葛学派的基本概念的影响,斯塔提乌斯笃信人的生命终究是有限的,命运作为一种外在的力量早已规划好了凡人的一生。凡人无法决定自己的命运,也没有反抗上天的能力。总而言之,无论是在虚构的世界中还是在现实生活中,在家宅、市镇、军营,抑或各种

---

[1] [法]古朗士著,吴晓群译:《古代城市:希腊罗马宗教、法律及制度研究》(第二版),上海人民出版社2012年版,第196页。

[2] Apuleius, *Florida*, 1.1.

社会活动中，斯塔提乌斯笔下的芸芸众生为各自的利益、为家族的延续、为罗马的繁盛而上演着各种虔敬的习俗仪式和礼神行为。

第三章 习俗的构建
——斯塔提乌斯笔下的罗马元首

在斯塔提乌斯生活的公元一世纪末，罗马的政治体制完成了由共和制向元首制转变的过程。元首开始全面在罗马的政治与军事制度中扮演核心角色，甚至被当作罗马帝国的代名词。[1]元首不仅仅是罗马帝国名义上的最高统治者，他的完美形象与特殊权威也进一步渗透进罗马社会的方方面面。在斯塔提乌斯笔下，对罗马元首的神化与崇拜被描绘为一种被广泛接受的社会习俗，成为罗马日常文化的重要组成部分。

在罗马的历史语境下，对统治阶级领导人物的有意美化其实早已有之。在公元前二世纪左右的共和末期，"一些头面人物与神明之间的界限正在慢慢模糊"，[2]"他

---

[1] J. Rüpke, *The Religion of the Romans*, Polity, 2007, pp.249–250.
[2] Mary Beard, John North, and Simon R. F Price, eds., *Religions of Rome: Volume 1, A History*, Cambridge University Press, 1998, pp.142–143.

们与神明一同接受食物和美酒的献祭"[1]。在奥古斯都正式接受元老院授予的"元首"身份后，对罗马最高统治者形象的有意构建日趋系统与成熟。例如，以维吉尔为代表的拉丁诗人创作了大量神化在世元首的作品，为奥古斯都打造了一系列的神圣形象：元首是神（deus），具有神性，是某位天神在人间的化身，是重启"黄金时代"的神圣人物；元首及其家族成员（domus Augusta）自然也具有神圣血统，拥有天然的统治权力。这些形象借助诗歌的强大传播能力，在罗马城、意大利乃至整个帝国范围内广为流布，[2] 成为广大民众皆能够受到的主流宣传。沿着奥古斯都时代的传统，斯塔提乌斯生活的弗拉

---

[1] Plutarch, *Marius*, 27.9. 参见 Mary Beard, John North, and Simon R. F Price, eds., *Religions of Rome: Volume 1, A History*, Cambridge University Press, 1998, p.144。

[2] 在古典时期，诗歌是一种流传极其广泛的文学形式，能够通过宏伟开阔的公共建筑、广泛便捷的交通网络、繁荣发达的图书市场、隆重频繁的公共活动而遍及帝国境内。相关研究参见 Mario Citroni, "Poetry in Augustan Rome", in *A Companion to Ovid*, Peter E. Knox, ed., Wiley-Blackwell, 2009, pp. 17-22。[荷] H. L. 皮纳著，康慨译：《古典时期的图书世界》，浙江大学出版社2011年版，第62—121、224—268页。[英] 弗雷德里克·G. 凯尼恩著，苏杰译：《古希腊罗马的图书与读者》，浙江大学出版社2012年版，第148—174页。

维王朝是制度化、习俗化元首崇拜的关键阶段。[1]斯塔提乌斯作为元首图密善的御用诗人之一,其作品本身就是用诗歌神化元首的典范之作。但斯塔提乌斯对元首绝非盲目地歌颂,也不是随意堆砌任何华丽的词汇,他善于从罗马大众熟知的习俗里寻找灵感,成功地将元首的完美形象融入罗马原有的文化传统,贴近人们原本就习以为常的观念。

一、元首的神性

上文提到,罗马人深信自己生活在一个多神的世界,生老病死、情绪机运等都有相应的神祇掌管。凡人需要对神明抱有敬畏与虔诚之心,投入必要的信仰仪式,就可以获得上天的护佑。曾长期受图密善重用的斯塔提乌斯自然深知罗马的信仰观念。他在自己的诗歌中顺应罗马人崇敬神明的传统习俗,将之用作他建构元首神圣形象的文本工具。

斯塔提乌斯接续了维吉尔等前辈诗人的修辞技法,

---

[1] Mario Citroni, "Poetry in Augustan Rome"; 同时参见 Duncan Fishwick, "The Equestrian Cursus in 'CIL' 2, 3271", *Historia: Zeitschrift für Alte Geschichte H. 1.*, 1970, pp. 96–112。

丝毫不掩饰地神化图密善,歌颂元首的神性与灵性。[1]例如,《诗草集》中时常提到元首的神格:库尔提乌斯(Curtius)高喊"万岁,您这众神之子与万神之父,在远方我就已感知您的神性"[2]。库迈(Cumae)的西比尔(Sibyl)女祭司欢呼"我已预见您(图密善)的神性且将其记录在册"[3]。诗人宣称《诗草集》每一卷的开篇都不能缺少对伟大元首神性的祈求。[4]元首的骑马雕像应该由一块永恒的地基支撑,"是守护您的灵性令它无比沉重"[5]。元首的神性会帮助欧普塔图斯(Optatus)带上佩剑。[6]"主人的灵性充满殿堂,整栋建筑都更显辉煌。"[7]

---

[1] 虽然都是被神化,但是在称呼上,已经升上天国的元首与尚在人世的元首还会有一些不同。例如,去世的元首被称为divus,在世的元首称devius。除此之外,去世的元首被当作与真正的罗马传统神明一样被崇拜。但对在世的元首的崇拜与祭祀则不会这么直接,人们通常向元首的神性或者灵性祈祷,而不是元首本人。参见:James B. Rives, *Religion in the Roman Empire*, Wiley-Blackwell, 2006, pp.151-152. Mary Beard, John North, and Simon R. F Price, eds., *Religions of Rome: Volume 1, A History*, Cambridge University Press, 1998, p.207.

[2] Statius, *Silvae*, 1.1.74-75.

[3] Statius, *Silvae*, 4.3.140.

[4] Statius, *Silvae*, 4.*intro*.

[5] Statius, *Silvae*, 1.57-58.

[6] Statius, *Silvae*, 5.2.154.

[7] Statius, *Silvae*, 4.2.25-26.

在普莉斯希拉弥留之际，她还不忘嘱咐自己的丈夫要"永远爱着（元首）神圣的风采以及他强力的灵性"[1]。

在诗作中，元首图密善的神性超过一般的天神。诗人频繁地将元首神化为至高之神——朱庇特。例如，斯塔提乌斯称图密善在农神节中分发的礼物是朱庇特恩赐的甘露。[2] 图密善在宴会中展现出"众神之王"（dux superum secreta）的样子。[3] 在歌颂图密善修建的大道时，诗人称元首是掌管降雨的雷霆之神（朱庇特——笔者注），[4] 是众人之领袖与众神之父（parens deorum）[5]。诗人甚至在一封寄给友人的信中写道："您是图密善热忱的信徒，在您心中，雷神的位置也要在他之后。"[6] 通过诗化的语言，斯塔提乌斯有机会向更多的受众传播元首的高贵形象与强大的神力，引导民众形成尊崇图密善的习惯。

除了直接歌颂元首的伟业与神性外，斯塔提乌斯还尝试将元首周边的一切都进行美化。在诗人笔下，图密

[1] Statius, *Silvae*, 5.1.187–188.
[2] Statius, *Silvae*, 1.6.27.
[3] Statius, *Silvae*, 4.2.18–31, 38–67.
[4] Statius, *Silvae*, 4.3.135–138.
[5] Statius, *Silvae*, 4.3.139.
[6] Statius, *Silvae*, 4.4.57–58.

善的父亲维斯帕芗（Vespasian，公元9—79年）成了伟大的众神之父，[1]"他现在只要点点头就能统治天国"[2]。图密善"建立永恒的神殿供奉逝去的先父，把弗拉维家族的英灵升上天空"[3]，他的妻子［图密提娅（Domitia），约公元50—126年］也被视为天后朱诺的化身[4]。诗人在致阿巴斯坎图斯的信中提到，"他（元首）最近为自己永恒的家族建立神龛，并将群星置于这一天国之中"[5]。图密善的命令（imperia）也是神圣不可违背的。[6] 以上种种看似无比肉麻且矫揉造作的谄媚诗句，长久以来被学界视作单纯的"阿谀奉承"而不屑一顾。近几十年来，学界逐渐倾向于将元首崇拜看作是一种严肃的、系统化的统治策略。斯塔提乌斯在罗马上层社会与主流诗坛活跃多年，必然重视并自觉推行图密善推崇的统治政策和意识形态。他的诗歌因此也带有强烈的现实指向，且具备明确的写作策略。诗人通过升格其他元首家族成员的地位，不仅更进一步凸显了元首本人的神圣形象，同时

---

[1] Statius, *Silvae*, 5.1.187-188.

[2] Statius, *Silvae*, 1.1.74.

[3] Statius, *Silvae*, 4.3.18-19.

[4] Statius, *Silvae*, 3.4.16.

[5] Statius, *Silvae*, 5.1.239-240.

[6] Statius, *Silvae*, 5.1.207.

也在向读者宣传一种由元首和其他传统神明共同主导的信仰世界。

在诗中，斯塔提乌斯常常将图密善与罗马历史上已经被神化的著名统治者联系起来，以此让元首神圣的形象融入罗马的统治习俗。斯塔提乌斯认为图密善的神圣地位并非凭空而来，而是接续罗马历代统治者的传统。因为恺撒"首次为我们的神（divis）铺就天国之路"[1]，克劳迪乌斯的时代"送您登上您应得的最高的职务"[2]等。以上似乎是在暗示图密善死后也会理所应当地升上星宫，成为神界的一员。另外，和"开启黄金年代"的奥古斯都类似，拥有神性的图密善也被塑造成划时代的开创者。斯塔提乌斯高呼"一段新时期正在来临"[3]，"一个新时代（nova saecula）正在被建立"[4]。雅努斯（Janus）也预示图密善将同自己共同开创"另一个纪元"（altera saecula condes）。[5]

由此可见，斯塔提乌斯在塑造元首形象时经过了深思熟虑。他始终注意参考维吉尔等经典诗人的修辞技

---

[1] Statius, *Silvae*, 1.1.24.
[2] Statius, *Silvae*, 3.3.78–79.
[3] Statius, *Silvae*, 1.4.15.
[4] Statius, *Silvae*, 1.4.17.
[5] Statius, *Silvae*, 4.1.37.

法，尽量延续大众熟悉的传统称呼，并借鉴历史上曾广泛流传的意象，以便更好地让读者接受图密善亲切并符合罗马传统的元首形象。然而，历史能够提供有效的案例，却也常常带来意想不到的结局。图密善在公元96年遭遇刺杀身亡，不仅没有善终，甚至惨遭"记录抹杀刑"（damnatio memoriae），[1]最终成为罗马帝国早期仅有的四位没有被元老院尊奉为神的元首之一[2]。后人对这一时期的看法通常受小普林尼和塔西佗的影响，将图密善看成是一位喜怒无常、残忍无情的暴君。苏维托尼乌斯也将图密善统治后期描绘成一个人人自危的高压社会。但斯塔提乌斯认为，元首图密善却被赋予了罗马传统上的统治合法性，是当时的明君。这种对元首形象的有意塑造，需要结合诗人生活的社会背景进行解释。

---

[1] 有关图密善遭受"记录抹杀刑"的记载见Cassius Dio，68.1.1；Pliny the Younger, *Panegyric*, 52.5。参见Brian W. Jones, *The Emperor Domitian*, Routledge, 1993, p.160; John D. Grainger, *Nerva and the Roman Succession Crisis of AD 96–99*, Psychology Press, 2004, p.49.
[2] 四位死后没有被尊为神明的元首是尼禄、卡里古拉、图密善、康茂德，见James B. Rives, *Religion in the Roman Empire*, Wiley-Blackwell, 2006, p.150.

二、神化元首与罗马现实政治

（一）作为政治习俗的元首神圣形象

斯塔提乌斯对元首图密善的神化并非仅仅出于谄媚，同时也为当时罗马的现实政治服务。神化最高统治者以增强统治合法性，在罗马历史上并不罕见，甚至可以被看作是一种政治习俗和必备步骤。例如，恺撒遇刺后，罗马政权陷入混乱。他的养子——资历尚浅的奥古斯都深知，恺撒的神化地位也是自己接任统治权的前提和基础。[1] 因此，为了证明自己的合法性，确保继任权，他除了重申恺撒的神圣地位外，还决定举办纪念维纳斯神庙落成的庆典。典礼上，他高调宣示自己拥有维纳斯的血统。由于传统上维纳斯是恺撒出身的尤利亚家族的保护神，奥古斯都也就有了神圣血统。据罗马史学家卡西乌斯·狄奥（Cassius Dio）记载，当时一颗彗星始终在北方天域闪耀，被众人视作恺撒显灵。奥古斯都因此信心大增，在神庙中竖立起一尊恺撒的青铜雕像，在上面放了一颗星

---

[1] Carole E. Newlands, *Statius' Silvae and the Poetics of Empire*, Cambridge University Press, 2002, pp.20-21.

辰似的标志物，即"尤利乌斯之星"（Sidus Iulium）。[1]

与奥古斯都面临的状况类似，斯塔提乌斯侍奉的元首图密善及其家族，在经历了一场"最高统治权"的争夺后，同样亟待巩固统治，塑造自身的优势形象。公元69年"四帝争位"的灾难结束后，弗拉维王朝的统治者们采取了有力的政策，迅速恢复了百废待兴的社会，重新丰盈了罗马的国库，将罗马的发展拉回正轨。[2]为了在罗马人心中建立家族的合法性，他们极力通过各种手段塑造弗拉维家族的神圣形象，用于巩固对帝国的统治。神化元首似乎成了弗拉维王朝的一项基本政策。

由于维斯帕芗的出身相对较低，[3]又是靠军队的支持才得以上台，被推选为元首时甚至本人都不在罗马城内，[4]因此，维斯帕芗深知自己缺少罗马元首的传统权力

---

[1] 参见Cassius Dio, *Roman History*, 45.7。与此同时，罗马也出现了铸有反映这一历史场景的钱币。相关图像分析参见Paul Zanker, *The Power of Images in the Age of Augustus*, pp.33-37。另参见Michael Koortbojian, *The Divinization of Caesar and Augustus: Precedents, Consequences, Implications*, Cambridge University Press, 2013, pp.27-28。

[2] Suetonius, *Domitian*. Carole E. Newlands, *Statius' Silvae and the Poetics of Empire*, pp.8-10.

[3] Suetonius, *Vita Vespasiani*, 1-2; *Vita Domitiani*, 1.根据苏维托尼乌斯的说法，维斯帕芗是一位收税官的儿子。

[4] Suetonius, *Vita Vespasiani*, 6.

来源，更没有像奥古斯都那样天然的统治基础。所以，从维斯帕芗起，弗拉维王朝的所有统治者们一直将寻找家族统治的权力神圣性当成一项重要的政治和文化任务，不遗余力地向帝国全境宣传自身统治的正统性和必要性。苏维托尼乌斯记载，"尽管缺少权威和一定的尊严"，但维斯帕芗还未返回罗马之时就开始鼓吹神迹与天神的预兆自己增加神定的标签。[1]维斯帕芗之子提图斯迫不及待地为维斯帕芗修建神庙。[2]图密善本人更是将自己提升到天神的高度。他"借用了许多希腊化时期神化统治权的概念，果断地提升了元首地位"[3]。他同时发展了弗拉维家族与埃及各类神明的关系。[4]他在位时期也赋予了整个弗拉维家族神圣的地位，并极力推崇罗马传统的神明朱庇特和密涅瓦（Minerva）。[5]与此同时，图密善

---

[1] Suetonius, *Vita Vespasiani*, 7.
[2] Pliny the Younger, *Panegyric*, 10.1; 35.4. Suetonius, *Vita Domitiani* 5; Statius, *Silvae*, 4.3.18–19.
[3] Carole E. Newlands, *Statius' Silvae and the Poetics of Empire*, p.23.
[4] Mary Beard, John North, and Simon R. F Price, *Religions of Rome: Volume 1, A History*, p.264.
[5] 有关图密善建构元首崇拜的手段参见宋凤英、何立波：《古罗马传统宗教与元首崇拜的构建》，载《世界宗教文化》2013年第5期。有关图密善对朱庇特和密涅瓦的推崇参见Brian W. Jones, *The Emperor Domitian*, Routledge, 1993, pp.99-100; 108-109。

执着地将奥古斯都作为样板，努力修复和兴建大型建筑，力图将罗马塑造为世界的中心、众神的居所。韩内斯塔德（Hannestad）指出：图密善通过艺术品、钱币、文学等将自己神化的程度是空前的，超越了前任的所有元首们。[1]

（二）诗人笔下图密善的神圣形象

如上文所言，斯塔提乌斯创作了大量神化图密善的诗歌。图密善在诗中被塑造为在世的神祇。元首是"天国的宠儿"（cura deorum），[2]他"本人就是神"（hic est deus），替朱庇特统御这幸福的大地。[3]图密善有众神之王的气概，[4]他的雕像被形容为"神之相貌"（forma dei）[5]。在"阿尔巴的崇山上，我们的神近在眼前，俯瞰他的罗马城的城垣"[6]。在另外一首诗中，图密善被描述为这世间显赫的王，他的家在帕拉丁山上，由最新的砖

---

[1] Schneider, Rolf Michael, and Niels Hannestad, *Roman Art and Imperial Policy*, 1998, pp.438–444.
[2] Statius, *Silvae*, 4.2.15.
[3] Statius, *Silvae*, 4.2.128–129.
[4] Statius, *Silvae*, 4.2.53–54.
[5] Statius, *Silvae*, 1.1.62.
[6] Statius, *Silvae*, 2.170–171.

石装点，与最高的星辰持平。[1]元首操办宴会也有众神前来帮忙，"刻瑞斯亲自挽起长袍，巴克斯忙得不可开交，呈上甘洌的美酒和丰盛的佳肴，特里普托勒摩斯慷慨地从空中抛下他的赠礼，狄奥尼索斯让平原和山峦长满葡萄"[2]。在图密善的骑马雕塑前，亚历山大和恺撒的雕像中的战马也要低下头颅。[3]在庆贺元首第十七个执政官任期的诗中，图密善与太阳同时升起，[4]这是只有天神才可以做到的事情！

如上文所言，斯塔提乌斯有意将元首描述为罗马传统观念中的"众神之王"——朱庇特。将元首和朱庇特联系起来并非斯塔提乌斯首创，如奥维德在《变形记》中就将当时的奥古斯都比作朱庇特。[5]但诗人如此重视朱庇特这一意象，除了借用其象征至尊地位的意象，也与图密善自身的偏好有关。据塔西佗和苏维托尼乌斯记载，在公元69年遭遇维特里乌斯（Vitellius）军队的围攻时，图密善因为躲到朱庇特神庙中而幸免于难。[6]弗

---

[1] Statius, *Silvae*, 3.4.34–35.

[2] Statius, *Silvae*, 2.34–35.

[3] Statius, *Silvae*, 1.84–98.

[4] Statius, *Silvae*, 1.3–4.

[5] Ovid, *Metamorphoses*, 1.200–5；15.855–60.

[6] Tacitus, *Historiae*, 3. 74. Suetonius, *Vita Domitiani*, 1. 2.

拉维王朝建立后，图密善开始有意利用自己当年的经历，将朱庇特——罗马的保护神，也认定为自己的保护神。他以此向世人宣告，自己早就被朱庇特亲自认定为罗马统治者，比自己的兄弟等人更加拥有神圣且无可辩驳的合法性。[1]

斯塔提乌斯在自己的文字中，有意借用朱庇特在罗马传统观念中作为世间的最高统治者的地位，以此彰显图密善自身的统治合法性。例如，斯塔提乌斯称图密善为"我们的朱庇特"（nostri Iovis）[2]，或者"拉丁姆（Latium）的朱庇特"[3]，并称赞元首是"掌握世界缰绳的神，比朱庇特还要直接地领导凡人"[4]。朱庇特也任命图密善"替他统御这片幸福的大地"[5]，且甘愿让罗马的元首"治理凡间，管辖大地与海洋"[6]。西比尔女祭司也确

---

[1] 在30岁继任元首之前，图密善始终被父亲维斯帕芗和兄长提图斯压制，经常试图在各方面与提图斯一争高下。这一人生经历和心理状况对图密善执政风格和自我神化手法的影响不容忽视。参见Tacitus, *Historiae*, 4.86；Suetonius, *Vita Divi Titi*, 5.1, 6.1；*Vita Domitiani*, 2.1；Cassius Dio, *Roman History*, 67.2。

[2] Statius, *Silvae*, 1.6.27；5.1.25.

[3] Statius, *Silvae*, 3.4.16.

[4] Statius, *Silvae*, 5.1.37–38.

[5] Statius, *Silvae*, 4.3.128–129.

[6] Statius, *Thebaid*, 1.30.

认，自埃涅阿斯后，图密善是朱庇特最信任的人间统治者。[1] 在某种程度上，元首的宫殿也与朱庇特的神殿类似。[2] 当斯塔提乌斯有机会同元首进餐后，这种联系更加"直接"了起来，他称这是"最神圣（sacratissimis）的宴会"[3]，自己"与朱庇特一起横卧于群星之间"[4]。诸神恭贺他（元首）拥有如同朱庇特的天宫一般的住处。[5] 诗人甚至要求自己的朋友先于朱庇特去祭拜"拉丁姆的领袖之神（ducis）"[6]。斯塔提乌斯显然迎合了图密善这种自我宣传和自我合法化的导向。经过斯塔提乌斯的文学构建，图密善与朱庇特的神性紧密结合，元首本人更是通过一系列巧妙文学手法被列入了罗马传统的众神体系中。

除了直接将图密善等同于朱庇特，斯塔提乌斯也善于借用其他神明之口，赞颂元首的至高无上的地位，侧面衬托和确认图密善的神圣与伟大。在一首诗中，河神沃尔图努斯（Volturnus）向图密善道谢。[7] 甚至雅努斯

---

[1] Statius, *Thebaid*, 4.3.134-136.
[2] Statius, *Silvae*, 4.2.53.
[3] Statius, *Silvae*, 4.*intro*.6.
[4] Statius, *Silvae*, 5.2.10.
[5] Statius, *Silvae*, 4.2.18.
[6] Statius, *Silvae*, 4.4.53.
[7] Statius, *Silvae*, 4.372-394.

也向元首祈祷,恭贺他的第十七次元首任期,请求图密善带给这场庆典永恒的欢愉。[1]哈迪(Hardie)认为,雅努斯向元首的这番祈祷,从本质上说,"如同一位执政官向元首所做的一样"[2]。诗人如此用心良苦显然是为了证明,只有像雅努斯这样重要的天神才配得上元首的就职庆典。斯塔提乌斯穷尽各种手法神化元首,精巧且合理地赋予元首高于传统的诸位主神的地位,以此凸显图密善至上的神性。

(三)诗人笔下图密善的"主人"称谓

"主人"(Dominus)称谓的使用是图密善塑造自身权威的重要手段。之前的元首们对Dominus这一称号唯恐避之不及。奥古斯都、提比略等都拒绝过这一头衔。[3]图密善本人在刚上任之初也曾在宴会上公开拒绝过这一称谓,[4]但是低调并没有持续多久,他就开始享受人们对他的欢呼声,前所未有地为自己采用了将"神"与"主

---

[1] Statius, *Silvae*, 4.1.17.
[2] Philip Hardie, *The Epic Successors of Virgil: A Study in the Dynamics of a Tradition*, Cambridge University Press, 1993, p.193.
[3] Suetonius, *Vita Augusti*, 53; *Vita Tiberi*, 27. Cassius Dio, 57.8.
[4] Statius, *Silvae*, 1.6.82–83.

人"（deus et dominus）并列的称呼。根据苏维托尼乌斯的记载，图密善"以自己代理人的名义用下列傲慢言辞开始口述一份传阅文件：'我们的主人和神命令必须完成此事。'从此以后，便形成一种习俗，那就是在书面和交谈中对他不得有别的称呼"[1]。卡西乌斯·狄奥也记载，图密善坚持被视作神，而且以被称作"主人"和"神"而骄傲。这些头衔不仅被用于演讲中，还被用于书写的文件里。[2]

斯塔提乌斯自然不会忽略元首新的神圣称号，而是将之默认为大众普遍接受的习俗而在诗文中使用。例如，在《诗草集》第四卷的前言中，他自豪地宣告此卷中的诗文要全部献给主人。他还骄傲地表示一场宴会是在"我们主人的桌子上进行的"[3]。普莉斯希拉在弥留之际也特意表明自己崇拜当今主人温柔的神性。[4] Dominus一

---

[1] Suetonius, *Vita Domitiani*, 13. 1–2.同时参见 Pliny the Younger, *Panegyric*, 23. 52.2; Cassius Dio, 67.4.47。但琼斯在《皇帝图密善》中质疑了此种说法。他认为图密善并没有亲自下令要求所有人都叫他"主人和神"，这是后代作家误传的结果。W. Jones Brian, *The Emperor Domitian*, Routledge, 1993, pp.107–109.
[2] Cassius Dio, *Roman History*, 57. 8. 1.
[3] Statius, *Silvae*, 4.2.6.
[4] Statius, *Silvae*, 5.1.74.

词抛弃了元首一直以来"第一公民"（Princeps）的地位，改变了元首的权力来源，将元首与公民和元老院等阶级做了进一步的切割，大大提升了元首本人的地位。图密善不再自称为"第一公民"和"首席元老"，他信誓旦旦地认为自己早已凌驾于普通公民与凡人律令之上，无限接近于天神。恰如琼斯所言："图密善当然知道自己不是真正的'神和主人'，同时他也没有要求或命令被如此称呼，但是他同样没有禁止这种偶尔的谄媚称谓。"[1]我们虽然没有证据表明图密善是亲自要求斯塔提乌斯或其他诗人赞颂自己为dominus，但显然他并没有拒绝别人对他如此的吹捧，甚至默许了自己dominus的地位。Dominus把罗马公民推向了类似奴隶的地位，只有遵守元首命令的资格，不能有任何反抗。

最终，经过斯塔提乌斯精妙的构建，元首不仅是一位只存在于字里行间的虚幻神明：他既懂得讨好大众——慷慨地大办萨图恩节庆典，[2]又会故意保持神秘和威严感——高大的雕像和幽深的宫殿，[3]而且还知道如何利用传统习俗来宣传自己的统治。在诗人笔下，图密善乃至整个弗拉维王朝都摆脱了行伍出身的先天劣势，摇

---

[1] W. Jones Brian, *The Emperor Domitian*, Routledge, 1993, p.109.
[2] Statius, *Silvae*, 2.1.6.
[3] Statius, *Silvae*, 4.2.

身变成了由天神选定的统治者，有超人的能力统治罗马。在斯塔提乌斯笔下，图密善的形象与罗马的历史传统相契合，他的称谓是罗马民众广泛认同的惯例。

总之，斯塔提乌斯通过《诗草集》和《忒拜战记》等诗歌作品，主动迎合了图密善加强元首统治的政策。他的文本分为三个层次，逐步构建起了一套有关元首统治的习俗系统：第一层，诗人用自己和旁人之口，直接或间接地神圣化有关元首的一切，元首使用的物件，甚至元首参加的活动和下达的命令也都是神圣的，[1]且拥有最高神祇的恩准。第二层次的建构将图密善与罗马传统神明相提并论，平起平坐，视元首为朱庇特在凡间的化身，同时强调图密善本人的神性与功绩可以超越之前所有升上天国的元首们。第三层，图密善本人被歌颂为真正的神，享受所有罗马人的崇拜与服从。他的神圣形象符合罗马的政治传统，他的权力来自上天，无须与任何人共享。他是帝国境内最有权威的人物，也是全罗马的"主人"。

值得一提的是，诗人对元首神圣形象的大加歌颂，一方面是为巩固弗拉维王朝的统治合法性，配合神化元首家族的政策的需要。另一方面，或许斯塔提乌斯如此

---

[1] Statius, *Silvae*, 5.1.207.

不遗余力地赞美元首也有提升自己在罗马文坛地位的考虑。如果仔细通读《诗草集》，我们可以发现图密善本人和斯塔提乌斯的直接交集并不多。[1]笔者认为，斯塔提乌斯竭力让元首的形象出现在自己的诗歌中，也是为了提高《诗草集》的知名度，扩大自己的影响力。试想一本有元首背书和首肯的诗集怎能不受人们重视呢？同理，在《忒拜战记》的结尾，斯塔提乌斯不无自豪地宣称："精神崇高（magnanimus）的恺撒已经屈尊想了解你。"[2]在作为诗人的斯塔提乌斯心中，比起雕像与神庙，只有他的诗歌会永世不朽。物质的纪念逃不过战乱和自然的侵蚀，终有一天会消失在大地之上。只有文字中元首的伟大形象和英勇事迹会随着岁月的流逝而继续被后世子孙代代传唱，甚至成为风俗文化的一部分。斯塔提乌斯的作品既然获得了元首的承认，符合他本人的喜好，理应获得"声誉之神"的眷顾而垂之久远。[3]由以上可见，诗绝非单纯歌颂元首的伟大与神圣，个人利益和名誉当然也是写作目的之一。

---

[1] Statius, *Silvae*, 3.4是奉元首之命，为一位被释奴的头发而写的赞美诗。4.2描写的是斯塔提乌斯与元首共赴宴会。除此之外，没有更多的内容表明二人有经常和直接的关系。

[2] Statius, *Thebaid*, 12.815.

[3] Statius, *Thebaid*, 12.812.

结　　语

习俗是罗马历史文化传统的核心，代表着罗马社会的意识形态，也是今人了解古代罗马文明的重要途径。但由于罗马的传统历史记述多以政治、军事为主，导致学界较少关注罗马日常的风俗与文化。本书利用罗马著名诗人斯塔提乌斯的诗歌作为基础材料，从拉丁文原文出发，重新挖掘了这批看似"虚构"的文本中蕴含的重大历史价值。

与绝大多数罗马人一样，斯塔提乌斯在诗作中对传统习俗表现出强烈的尊重。他虔敬地相信习俗中的力量，相信只要按照古人的传统习惯行事就能获得平安与顺遂。在罗马人心中，无论是和平还是战争年代，习俗无时无刻不在影响人们的生活。人类的一切都在传统的笼罩之下，它无处不在地包围着人类，支配着人们所有的活动、时间和习惯，对凡人有绝对的权威。同时，斯塔提乌斯和当时的罗马人坚信神明掌控着世间一切。虽然斯塔提乌斯偶尔质疑神明的力量，但这种质疑并不是否认神意的存在，而恰恰是因为虔诚的信仰而反省自身的渎神行为。凡人需要不断与上天沟通，而合宜的习俗仪式就是这种相互交流的主要手段。斯塔提乌斯在诗中反复强调实践与行动对习俗的重要性。通过婚礼、葬礼以及各种信仰仪式，罗马人对未来的美好期待、对亲友的感情得以用实实在在的行为表达出来。同时，在宴饮等日常习俗中也能够一窥罗马帝国时期繁荣的文化场景、活跃的社会气氛。

在斯塔提乌斯的诗中，图密善统治下的罗马并非动荡不安，而是欣欣向荣、充满活力。虽然《忒拜战记》中的世界充斥着与生俱来的渎神罪恶和不可避免的兄弟内战，但是斯塔提乌斯依然强调凡人的虔敬，呼唤统治者的仁慈政策。而《诗草集》则描绘了一个繁盛、和谐的罗马社会，一套生活化且多元的习俗传统。罗马的公民们在众神的护佑下经历着悲欢离合，过着悠然自得的奢侈生活。虽就主题来说，两部作品一反一正、一阴暗一阳光，但是它们均没有脱离罗马传统道德与价值观，像虔敬、仁慈、忠诚（fides）等诗人心中理想的罗马传统美德和习俗观念也得到充分阐发。斯塔提乌斯颂扬罗马的伟大和繁荣，向神明祈求元首和罗马人民的福祉。综合前文所述，图密善渴望像奥古斯都一样"开启一个新的时代"，斯塔提乌斯也祈盼追随维吉尔的伟大业绩，写出代表罗马文化精髓的作品，创造属于自己的独特风格与文化内涵，最终在罗马文化和意识形态中刻下自己的印记，流芳千古。

结合诗人生活的时代背景，图密善将奥古斯都作为自己的榜样，斯塔提乌斯也在诗中公开承认了维吉尔是自己的偶像。[1]我们看到，在《诗草集》中，诗人多次将图密善与恺撒或奥古斯都对比，强调图密善已经继承了罗马的统治传统，开创了属于弗拉维王朝的时代。斯塔提乌斯对元首神性的歌颂看似过火，甚至让人反胃，但的确迎合了元首的现实政治的需要，以及他热衷推行的文化政策。《忒拜战记》中反复渲染兄弟内战带来的灾难性后果，似乎暗指罗马人民对公元69年内战依然心有余悸。图密善自幼受过系统的教育，对古典文学也非常熟悉，有一定的诗歌创作能力。[2]再结合他专断的性格，因此元首本人的偏好不可避免地对当时社会主流的文风和审美产生了一定影响。[3]在那样一个人人惶恐不安的时代，斯塔提乌斯能够善终，并留下多部作品，这本身就说明他在诗中表达的价值观念顺应并符合图密善的喜

---

[1] Statius, *Thebaid*, 12.816.

[2] Suetonius, *Vita Domitiani*, pp.12–13.

[3] W. Jones Brian, *The Emperor Domitian*, Routledge, 1993, pp.12–13.

好和价值取向。图密善力求复兴奥古斯都时代的道德风尚，当然也包括元首在文化上的主导角色。诗人在《诗草集》中为弗拉维王朝统治的合法性背书，在《忒拜战记》中渲染罗马的主流思想价值，强调自己独特的宗教与神明理念。我们再一次看到，文学作品确实能够潜移默化地反映创作年代的社会背景与文化特点。诗中歌颂了元首的军功，赞扬了元首的统治成就，为图密善的神圣形象包裹上一层罗马传统的神圣外衣。宣传、神化元首的形象为图密善和弗拉维王朝的正统性增加了合法性基础，确保了弗拉维家族统治的延续性。《诗草集》直接赞美了图密善及其家族的神化形象，而《忒拜战记》更多的则是通过宣传特定的思想观念为元首的统治政策提供理论。史诗中着力强调并宣传的pietas（虔敬）和clementia（仁慈）等既是罗马代代流传的传统思想观念，也是元首治国理政、敬天礼地、造福百姓的必备美德。

参考文献

古典著作

Apian, *Roman History*, vol. IV, edited and translated by Brian McGing, Loeb Classical Library, Harvard University Press, 2020.

Apuleius, *Apologia. Florida. De Deo Socratis*, edited and translated by Christopher P. Jones, Loeb Classical Library, Harvard University Press, 2017.

Apuleius, *Metamorphoses*, vol. I, edited and translated by J. Arthur Hanson, Loeb Classical Library, Harvard University Press, 1996.

Apuleius, *Metamorphoses*, vol. II, edited and translated by J. Arthur Hanson, Loeb Classical Library, Harvard University Press, 1989.

Aulus Gellius, *The Attic Nights*, vol. I-III. translated by Rolfe, J.C., Loeb Classical Library, Harvard University

Press, 1927.

Ausonius, vol. I, translated by Hugh G. Evelyn-White, Loeb Classical Library, Harvard University Press, 1919.

Ausonius, vol. II, translated by Hugh G. Evelyn-White, Loeb Classical Library, Harvard University Press, 1921.

Cicero, *On Old Age. On Friendship. On Divination*, translated by W. A. Falconer, Loeb Classical Library, Harvard University Press, 1923.

Cicero, *On the Nature of the Gods. Academics*, translated by H. Rackham, Loeb Classical Library, Harvard University Press, 1933.

Cassius Dio, *Roman History,* vol. I-III, translated by Cary, E. and H. B. Foster, Loeb Classical Library, Harvard University Press, 1914.

Cassius Dio, *Roman History,* vol. IV, translated by Cary, E. and H. B. Foster, Loeb Classical Library, Harvard University Press, 1916.

Cassius Dio, *Roman History,* vol. IX, translated by Cary, E. and H. B. Foster, Loeb Classical Library, Harvard University Press, 1927.

Cassius Dio, *Roman History,* vol. VII, translated by Cary, E. and H. B. Foster, Loeb Classical Library, Harvard

University Press, 1924.

Cassius Dio, *Roman History,* vol. VIII, translated by Cary, E. and H. B. Foster, Loeb Classical Library, Harvard University Press, 1925.

Cassius Dio, *Roman History,* vol. V-VI, translated by Cary, E. and H. B. Foster, Loeb Classical Library, Harvard University Press, 1917.

Fronto, *Correspondence*, vol. I, translated by Haines, C. R., Loeb Classical Library, Harvard University Press, 1919.

Fronto, *Correspondence*, vol. II, translated by Haines, C. R., Loeb Classical Library, Harvard University Press, 1920.

Geoffrey Chaucer, *The Canterbury Tales*, Penguin Books, 1988.

Horace, *Odes and Epodes*, edited and translated by Niall Rudd, Loeb Classical Library, Harvard University Press, 2004.

Juvenal and Persius, translated by Ramsay, G. G., Loeb Classical Library, Harvard University Press, 1996.

Juvenal, *The Sixteen Satires*, translated by Green, P., Penguin Books, London, 1967.

Livy, *History of Rome*, vol. III, translated by B. O. Foster, Loeb Classical Library, Harvard University Press,

1924.

Livy, *History of Rome*, vol. IV, translated by B. O. Foster, Loeb Classical Library, Harvard University Press, 1924.

Lucan, *The Civil War (Pharsalia)*, translated by J. D. Duff, Loeb Classical Library, Harvard University Press, 1928.

Martial, *Epigrams*, vol. I-III, edited and translated by Bailey, D. R. S., Loeb Classical Library, Harvard University Press, 1993.

Ovid, *Fasti*, translated by James G. Frazer, Loeb Classical Library, Harvard University Press, 1931.

Ovid, *Metamorphoses*, vol. I, translated by Frank Justus Miller, Loeb Classical Library, Harvard University Press, 1916.

Ovid, *Metamorphoses*, vol. II, translated by Frank Justus Miller, Loeb Classical Library, Harvard University Press, 1916.

Pausanias, *Description of Greece*, vol. II, translated by W. H. S. Jones and H. A. Ormerod, Loeb Classical Library, Harvard University Press, 1926.

Petronius, *Satyricon*, edited and translated by

Schmeling, G., Loeb Classical Library, Harvard University Press, 2020.

Pliny the Younger, vol. I, translated by Radice, B., Loeb Classical Library, Harvard University Press, 1969.

Pliny the Younger, vol. II, *Letters*, books 8–10, *Panegyricus*, translated by Betty Radice, Loeb Classical Library, Harvard University Press, 1969.

Pliny the Elder, *Natural History,* vol. I, translated by Rackham, H., Loeb Classical Library, Harvard University Press, 1938.

Pliny the Elder, *Natural History,* vol. II, translated by Rackham, H., Loeb Classical Library, Harvard University Press, 1942.

Pliny the Elder, *Natural History,* vol. III, translated by Rackham, H., Loeb Classical Library, Harvard University Press, 1940.

Pliny the Elder, *Natural History,* vol. IV, translated by Rackham, H., Loeb Classical Library, Harvard University Press, 1945.

Pliny the Elder, *Natural History,* vol. V, translated by Rackham, H., Loeb Classical Library, Harvard University Press, 1950.

Pliny the Elder, *Natural History*, vol. VI, translated by Jones, W. H. S., Loeb Classical Library, Harvard University Press, 1951.

Pliny the Elder, *Natural History*, vol. VII, translated by Jones, W. H. S., and A. C. Andrews., Loeb Classical Library, Harvard University Press, 1956.

Pliny the Elder, *Natural History*, vol. VIII, translated by Jones, W. H. S., Loeb Classical Library, Harvard University Press, 1963.

Pliny the Elder, *Natural History*, vol. IX, translated by Rackham. H., Loeb Classical Library, Harvard University Press, 1952.

Pliny the Elder, *Natural History*, vol. X, translated by Eichholz, D. E., Loeb Classical Library, Harvard University Press, 1962.

Plutarch, *Moralia*, vol. IX, translated by Edwin L. Minar, Jr., F. H. Sandbach, and W. C. Helmbold, Loeb Classical Library, Harvard University Press, 1961.

Polybius, *The Histories*, vol. III-IV, translated by Paton, W. R., revised by F. W. Walbank and C. Habicht, Loeb Classical Library, Harvard University Press, 2011.

Polybius, *The Histories*, vol. V-VI, translated by Paton,

W. R., revised by F. W. Walbank and C. Habicht, Loeb Classical Library, Harvard University Press, 2012.

Seneca the Younger, *Tragedies*, vol. I, edited and translated by John G. Fitch, Loeb Classical Library, Harvard University Press, 2018.

Seneca the Younger, *Tragedies*, vol. II, edited and translated by John G. Fitch, Loeb Classical Library, Harvard University Press, 2018.

Seneca, *Moral Essays*, vol. I, translated by Basore, J. W., Loeb Classical Library, Harvard University Press, 1928.

Statius, *Thebaid*, vol. I, edited and translated by D. R. Shackleton Bailey, Loeb Classical Library, Harvard University Press, 2004.

Statius, *Thebaid*, vol. II, edited and translated by D. R. Shackleton Bailey, Loeb Classical Library, Harvard University Press, 2004.

Statius. *Silvae*, edited and translated by D. R. Shackleton Bailey, revised by Christopher A. Parrott, Loeb Classical Library, Harvard University Press, 2015.

Suetonius, *Lives of the Caesars,* vol. I, translated by Rolfe, J. C., introduced by Bradley, K. R., Loeb Classical Library, Harvard University Press, 1914.

Suetonius, *Lives of the Caesars,* vol. II, translated by Rolfe, J. C., introduced by Bradley, K. R., Loeb Classical Library, Harvard University Press, 1914.

Tacitus, *Histories*, books 1-3, translated by Clifford H. Moore, Loeb Classical Library, Harvard University Press, 1925.

Tacitus, *Histories*, books 4-5, translated by Clifford H. Moore, Loeb Classical Library, Harvard University Press, 1931.

Tertullian, *Apology*, translated by Glover, T. R. and G. H. Rendall, Loeb Classical Library, Harvard University Press, 1931.

Valerius Flaccus, *Argonautica*, translated by J. H. Mozley, Loeb Classical Library, Harvard University Press, 1934.

Valerius Maximus, *Memorable Doings and Sayings*, vol. I, edited and translated by D. R. Shackleton Bailey, Loeb Classical Library, Harvard University Press, 2000.

Virgil, *Eclogues*, *Aeneid,* books 7-12. App*endix Vergiliana*, translated by H. Rushton Fairclough, Loeb Classical Library, Harvard University Press, 2001.

Virgil, *Eclogues*, *Georgics. Aeneid,* books 1-6, translated by H. Rushton Fairclough, Loeb Classical Library, Harvard University Press, 1999.

英文专著

Adkins, Lesley and Roy A. Adkins., *Handbook to Life in Ancient Rome*, Facts on File, 1994.

Ando, Clifford, *The Matter of the Gods: Religion and the Roman Empire*, Berkeley: University of California Press, 2008.

Augoustakis, Antony, ed., *Ritual and Religion in Flavian Epic*, Oxford University Press, 2013.

Beard, Mary, John North, and Simon R.F. Price, *Religions of Rome Volume 1: A History,* Cambridge University Press, 1998.

Beard, Mary, John North, and Simon R.F. Price, *Religions of Rome Volume 2: A Sourcebook,* Cambridge University Press,1998.

Bowes, Kimberly, *Private Worship, Public Values, and Religious Change in Late Antiquity,* Cambridge: Cambridge University Press, 2008.

Bowman, Alank, Gransey Peter, and Rathbone, Dominic, *The Cambridge Ancient History, second edition, vol.11, The High Empire, A.D.70-192,* Cambridge University Press, 2000.

Boyle, Anthony James, and William J. Dominik, eds., *Flavian Rome: culture, image, text*, Brill Academic Pub., 2003.

Carcopino, J., *Daily Life in Ancient Rome: the People and the City at the Height of the Empire*, Penguin Press, 1964.

Crawford, Michael, *Sources for Ancient History*, Cambridge University Press, 1983.

Darwall-Smith, R.H., *Emperors and Architecture: A Study of Flavian Rome*, Latomus, Revue des Études Latines, 1992.

Dominik, W.J., C.E. Newlands, K. Gervais, *Brill's Companion to Statius*, Brill Academic Pub., 2015.

Dowling, Melissa, *Clemency and Cruelty in the Roman World*, University of Michigan Press, 2006.

Dunbabin, Katherine M. D., *The Roman Banquet: Images of Conviviality*, Cambridge University Press, 2003.

Feeney, Denis, *Literature and Religion at Rome: Cultures, Contexts, and Beliefs*, Cambridge University Press, 1998.

Feeney, Denis, *The Gods in Epic: Poets and Critics of the Classical Tradition*, Clarendon Press, 1991.

Foley, John Miles, ed., *A Companion to Ancient Epic*, Oxford Blackwell Publishing, 2005.

Gagarin, Michael and Fantham, Elaine, eds., *The Oxford Encyclopedia of Ancient Greece and Rome,* Oxford University Press, 2010.

Galinsky Karl, ed., *The Cambridge Companion to the Age of Augustus*, Cambridge University Press, 2005.

Galinsky Karl, *Augustus: Introduction to the Life of an Emperor*, Cambridge University Press, 2014.

Ganiban, Randall T., *Statius and Virgil: The Thebaid and the Reinterpretation of the Aeneid*, Cambridge University Press, 2007.

Grainger John D., *Nerva and the Roman Succession Crisis of AD 96-99*, Psychology Press, 2004.

Hannestad, Niels, *Roman Art and Imperial Policy*, Aarhus University Press, 1998.

Hardie, Philip, *The Epic Successors of Virgil: A Study in the Dynamics of a Tradition*, Cambridge University Press, 1993.

Hersch, Karen K., *The Roman Wedding: Ritual and*

Meaning in Antiquity, Cambridge University Press, 2010.

Hinnells, John R.A., ed., *Handbook of Ancient Religion*, Cambridge: Cambridge University Press, 2007.

Hornblower, Simon and Antony Spawforth, *The Oxford Classical Dictionary, third edition,* Oxford University Press, 1996.

Jones, Brian W., *The Emperor Domitian*, Routledge, 1993.

Kenney, E. J., Clausen, W. V., *The Cambridge History of Classical Literature Vol. 2*, Cambridge University Press, 1983.

Koortbojian, Michael, *The Divinization of Caesar and Augustus: Precedents, Consequences, Implications*, Cambridge: Cambridge University Press, 2013.

Lóio, Ana, *Editing and commenting on Statius' Silvae.* Mnemosyne supplements, Brill Academic Pub., 2023.

McNelis, Charles, *Statius' Thebaid and the Poetics of Civil War*, Cambridge University Press, 2007.

Newlands, Carole E., *Statius' Silvae and the Poetics of Empire*, Cambridge University Press, 2002.

Potter, David S., *A Companion to the Roman Empire*, Blackwell Publishing, 2006.

Quint, David, *Epic and Empire: Politics and Generic Form from Virgil to Milton*, Princeton University Press, 1993.

Rebeggiani, Stefano, *The Fragility of Power: Statius, Domitian and the Politics of the Thebaid*, Oxford University Press, 2018.

Rives, James B., *Religion in the Roman Empire*, Wiley-Blackwell, 2006.

Rüpke, J., *The Religion of the Romans*, Polity, 2007.

Salzman, Michele Renee, ed., *The Cambridge History of Religions in the Ancient World*, New York: Cambridge University Press, 2013.

Scheid, John, Janet Lloyd, trans., *An Introduction to Roman Religion,* Indiana University Press, 2003.

Scullard, Howard Hayes, *From the Gracchi to Nero: A History of Rome 133 BC to AD 68*, Routledge, 2010.

van der Blom, Henriette, *Cicero's Role Models: The Political Strategy of a Newcomer*, Oxford University Press, 2010.

Vessey, David, *Statius and the Thebaid*, Cambridge University Press, 1973.

von Albrecht, Michael, *A History of Roman Literature from Livius Andronicus to Boethius with Special Regard to*

Its Influence on World Literature, Brill Academic Pub., 1997.

Wagenvort, Hendrik, *Pietas. Vol. 1*, Brill Academic Pub., 1980.

Zanker, Paul, *The Power of Images in the Age of Augustus*, translated by Alan Shapiro, University of Michigan Press, 1990.

英文论文

Ahl, F., "Statius' *Thebaid*: A Reconsideration", *Aufstieg und Niedergan der romeschen Welt II*, 32.5, 1986, pp.2803-2912.

Bacon, Helen H., "The Shield of Eteocles", *Arion*, vol. 3, no. 3, 1964, pp. 27-38.

Bernstein, Neil W., "Ancestors, Status, and Self-Presentation in Statius' Thebaid", *Transactions of the American Philological Association (1974-)*, vol. 133, no. 2, 2003: 353-379.

Bonds, William S., "Two Combats in the Thebaid", *Transactions of the American Philological Association (1974-)*, vol. 115, 1985, pp. 225-235.

Braund, Susanna, "A Tale of Two Cities: Statius, Thebes, and Rome", *Phoenix*, vol. 60, no. 3/4, 2006, pp. 259-

273.

Burgess, John F., "Statius' Altar of Mercy", *The Classical Quarterly, New Series*, vol. 22, no.2, 1972, pp.339-349.

Burriss, Eli Edward, "The Religious Element in the 'Silvae' of Publius Papinius Statius", *The Classical Weekly*, 1926, pp. 120-122.

Citroni, Mario, "Poetry in Augustan Rome", in *A Companion to Ovid*, edited by Peter E. Knox, Wiley-Blackwell, 2009, pp. 8-25.

Coffee, Neil, "Eteocles, Polynices, and the Economics of Violence in Statius' Thebaid", *The American Journal of Philology*, vol. 127, no. 3, 2006, pp. 415-452.

Coleman, K.M., "The Emperor Domitian and Literature," *Aufstieg und Niedergan der romischen Welt II*, 32.5, 1986, pp.3087-3155.

Dominik, W. J., "Statius' *Thebaid* in the Twentieth Century", in R. Faber and B. Seidensticker eds., *Worte, Bilder, Töne. Studien zur Antike und Antikerezeption Bernhard Kytzler zu ehren, Würzburg*, 1996, pp.129-141.

Fishwick, Duncan, "The Equestrian Cursus in '*CIL 2, 3271*'", *Historia: Zeitschrift für Alte Geschichte H. 1*, 1970, pp.96-112.

Griffith, John G., "Juvenal, Statius, and the Flavian Establishment", *Greece and Rome (Second Series) 16.02,* 1969, pp.134-150.

Hardie, Philip, "Ovid's Theban History: The First 'Anti-Aeneid'?" *The Classical Quarterly, New Series,* vol. 40, no. 1, 1990, pp. 224-235.

Hershkowitz, Debra, "Patterns of Madness in Statius' Thebaid", *The Journal of Roman Studies*, vol. no.85, 1995, pp. 52-64.

James B. Rives, "Graeco-Roman Religion in the Roman Empire: Old Assumptions and New Approaches", *Currents in Biblical Research*, 8.2, 2010, pp. 240-299.

John Scheid, Liz Libbrecht trans., *Religion, Institutions and Society in Ancient Rome*, Inaugural lecture delivered on Thursday 7 February 2002, New Edition [online], Paris: Collège de France, 2013.

Kenty, Joanna, "Congenital Virtue: Mos Maiorum in Cicero's Orations", *The Classical Journal*, vol.111, no.4, 2016, pp. 429-462.

Klotz, Frieda and Katerina Oikonomopoulou, eds., *The Philosopher's Banquet: Plutarch's Table Talk in the*

Intellectual Culture of the Roman Empire, Oxford University Press, 2011.

Masterson, Mark, "Statius' Thebaid and the Realization of Roman Manhood", *Phoenix*, vol. 59, no. 3/4, 2005, pp. 288-315.

McCullough, Anna, "Heard but Not Seen: Domitian and the Gaze in Statius' '*Silvae*'", *The Classical Journal,* vo.104, no.2, 2008, pp.145-162.

McNelis, Charles,"Greek Grammarians and Roman Society during the Early Empire: Statius' Father and Some Contemporaries," *Proceedings of the Cambridge Philological Society* 46, 2000, pp. 90-120.

Moreland, Floyd L., "The Role of Darkness in Statius: A Reading of *Thebaid* I", *The Classical Journal*, vol. 70, no. 4,1975, pp. 20-31.

Mozley, J. H., "Statius as an Imitator of Virgil and Ovid", *The Classical Weekly 787* , vol.27, no.5, 1933, pp. 33-38.

Newlands, Carole, "Naturae Mirabor Opus: Ausonius' Challenge to Statius in the *Mosella*", *Transactions of the American Philological Association*, vol. 118, 1988, pp. 403-419.

Newlands, Carole, "Statius and Ovid: Transforming the Landscape", *Transactions of the American Philological Association*, vol. 134, no. 1, 2004, pp.133-155.

Pagán, Victoria E., "The Mourning after: Statius Thebaid 12", *The American Journal of Philology*, vol. 121, no. 3, 2000, pp. 423-452.

Pollmann K.F.L., "Statius' Thebaid and the Legacy of Vergil's Aeneid", *Mnemosyne*, vol.54, no.1, 2001, pp.10-30.

Scott, Kenneth, "Statius' Adulation of Domitian", *The American Journal of Philology*, vol.54, no.3, 1933, pp.247-259.

Stewart, Roberta, "Domitian and Roman Religion: Juvenal, Satires Two and Four," *Transactions of the American Philological Association*, vol.24, 1994, pp.309-332.

Tavenner, Eugene, "Roman Religion with Especial Relation to Vergil", *The Classical Journal*, vol.40, no.4, 1945, pp.198-220.

Vessey, David, "Aspects of Statius' *Epithalamion*", *Mnemosyne, Fourth Series*, vol. 25, no.2, 1972, pp. 172-187.

Vessey, David, "The Significance of the Myth of Linus and Coroebus in Statius' *Thebaid*, I, 557-672", *The American Journal of Philology,* vol. 91, no. 3, 1970, pp.315-331.

中文译著

［古希腊］荷马著，王焕生译:《荷马史诗·奥德赛》，人民文学出版社，2003年。

［古希腊］亚里士多德著，陈中梅译注:《诗学》，商务印书馆，1996年。

［古希腊］阿普列乌斯著，刘黎亭译:《金驴记》，译林出版社，2012年。

［古罗马］奥维德著，杨周翰译:《变形记》，人民文学出版社，1984年。

［古罗马］李维著，穆启乐等译:《建城以来史》(前言·卷一)，上海人民出版社，2005年。

［古罗马］撒路斯提乌斯著，王以铸、崔妙因译:《喀提林阴谋·朱古达战争》，商务印书馆，2009年。

［古罗马］普罗佩提乌斯著，王焕生译:《哀歌集》，华东师范大学出版社，2010年。

［古罗马］苏维埃托尼乌斯著，张竹明、王乃新、蒋平等译:《罗马十二帝王传》，商务印书馆，2000年。

［古罗马］塔西佗著，王以铸、崔妙因译:《塔西佗历史》，商务印书馆，2002年。

［古罗马］西塞罗著，石敏敏译:《论神性》，上海三联书店，2007年。

[古罗马]维吉尔著,杨周翰译:《埃涅阿斯纪》,人民文学出版社,1984年。

[古罗马]维吉尔著,杨宪益译:《牧歌》,上海人民出版社,2009年。

[英]杰弗雷·乔叟著,方重译:《坎特伯雷故事》,上海译文出版社,1983年。

[德]马克思著,中共中央马克思恩格斯列宁斯大林著作编译局编译:《马克思古代社会史笔记》,人民出版社,1996年。

[德]弗里德里希·恩格斯著,中共中央马克思恩格斯列宁斯大林著作编译局译:《家庭、私有制和国家的起源》,人民出版社,2018年。

[意]阿尔贝托·安杰拉著,董婵娟译:《古罗马一日游:日常生活、秘密和奇闻》,社会科学文献出版社,2010年。

[法]古朗士著,吴晓群译:《古代城市:希腊罗马宗教、法律及制度研究》(第二版),上海人民出版社,2012年。

[法]韦尔南著,余中先译:《神话与政治之间》,生活·读书·新知三联书店,2005年。

[美]M.罗斯托夫采夫著,马雍、厉以宁译:《罗马帝国社会经济史》(上),商务印书馆,1985年。

［法］卡特琳娜·萨雷丝著,张平、韩梅译:《古罗马人的阅读》,广西师范大学出版社,2005年。

［美］丹尼斯·费尼著,李雪菲、方凯成译,吴飞审校:《罗马的文学与宗教:文化、语境和信仰》,北京大学出版社,2015年。

［荷］H. L. 皮纳著,康慨译:《古典时期的图书世界》,浙江大学出版社,2011年。

［英］弗雷德里克·G. 凯尼恩著,苏杰译:《古希腊罗马的图书与读者》,浙江大学出版社,2012年。

［美］腾尼·弗兰克著,宫秀华译:《罗马帝国主义》,上海三联书店,2008年。

中文专著

郭小凌:《西方史学史》,北京师范大学出版社,1995年。

李雅书、杨共乐:《古代罗马史》,北京师范大学出版社,2004年。

刘家和、廖学盛:《世界古代文明史研究导论》,高等教育出版社,2001年。

齐世荣:《史料五讲(外一种)》,人民出版社,2016年。

王焕生:《古罗马文学史》(第二版),中央编译出版社,2008年。

王晓朝:《罗马帝国文化转型论》,社会科学文献出版社,2002年。

魏明德、吴雅凌:《古罗马宗教读本》,商务印书馆,2012年。

杨共乐:《罗马史纲要(修订版)》,商务印书馆,2015年。

杨共乐等:《古代罗马文明》,北京师范大学出版社,2014年。

晏绍祥:《荷马社会研究》,上海三联书店,2006年。

朱龙华:《罗马文化与古典传统》,浙江人民出版社,1993年。

中文论文

宋凤英、何立波:《古罗马传统宗教与元首崇拜的构建》,《世界宗教文化》2013年第5期。

倪腾达:《罗马早期戏剧中的希腊文化元素》,《北方论丛》2012年第5期。

王以欣、王敦书:《神话与历史:忒拜建城故事考》,《历史研究》2005年第6期。

杨共乐:《早期罗马宗教传统的特点》,《河北学刊》2008年第2期。

杨绛:《事实—故事—真实——读小说漫论之一》,

《文学评论》1980年第3期。

徐国利:《陈寅恪对"以诗文证史"史学传统的继承和发展》,《郑州大学学报(哲学社会科学版)》2019年第1期。

中文学位论文

李艳辉:《"罗马和平"时期宴会研究》,博士学位论文,北京师范大学,2010年。

王忠孝:《论罗马共和国后期和帝国早期的贵族葬礼及其功能》,硕士学位论文,复旦大学,2010年。

张子青:《论卢卡努斯〈内战记〉中的罗马观》,硕士学位论文,北京师范大学,2013年。